BAUDELAIRE

LES FLEURS DU MAL

Parcours : **Alchimie poétique : la boue et l'or**

Table des matières

Introduction

Condamné en 1857 pour « outrage à la morale publique », le recueil *Les Fleurs du mal* est aujourd'hui considéré comme un texte canonique de la littérature patrimoniale au point d'être inscrit au programme des Épreuves Anticipées de Français du baccalauréat. Signe de l'évolution des mentalités, du goût et de l'institution littéraire, cette reconnaissance tardive par laquelle le poète trouve sa revanche n'est cependant pas dénuée d'une certaine ironie : elle octroie au poète des lauriers dont il s'est si souvent moqué.

Aussi serait-il regrettable de lire l'œuvre de Charles Baudelaire comme un classique froid ou une lecture imposée par l'institution scolaire. Pour véritablement s'approprier *Les Fleurs du mal*, il faut oublier le monument du passé, le chef-d'œuvre indépassable et entendre le cri de révolte qu'est ce recueil. L'œuvre, parcourue par un élève de Première, peut se faire jeune à nouveau : elle met en mots et en vers une attitude de refus face au monde qui nous parle et doit nous parler, il ne faudrait pas occulter cette profondeur à cause d'une myopie trop scolaire, car l'universalité du texte de Baudelaire réside bel et bien dans sa capacité à nous interpeller.

Cette exigence ne retire rien à la nécessité d'une étude rigoureuse et méthodique du recueil : pour apprécier l'œuvre de Baudelaire, il faut comprendre la façon dont *Les Fleurs du mal* s'inscrivent dans leur époque afin de saisir l'intransigeance de leur geste poétique.

Les poèmes de Baudelaire sont une réponse aux écrivains qui le précèdent : saisir l'œuvre dans son époque permet d'en comprendre l'extrême modernité. Pour la même raison, il est nécessaire de maîtriser les principales notions de prosodie (savoir ce qu'est un sonnet, connaître les différents types de vers, de rimes) pour mesurer ce que Baudelaire fait au langage poétique. En effet, de manière exemplaire, le recueil *Les Fleurs du mal* est une forme qui fait sens : à la violence des thèmes évoqués (la mort, la pauvreté, la sexualité, la prostitution...) répond souvent un très grand classicisme de la forme : la dureté du propos n'en est pas moins renforcée. L'étude ne retire donc rien à la profondeur de l'œuvre de Baudelaire, au contraire, elle permet de mettre en lumière sa puissance.

Notre étude approfondie des *Fleurs du mal* de Charles Baudelaire est accompagnée d'une réflexion sur le parcours associé à la lecture de cette œuvre dans le programme des Épreuves Anticipées de Français du baccalauréat : « Alchimie poétique : la boue et l'or ». Ce sera l'occasion de mettre en perspective l'œuvre baudelairienne et de l'inscrire dans le temps long de l'histoire littéraire.

Baudelaire, par bien des aspects, ouvre la poésie à la modernité ; il écrit dans un texte qui devait clore la deuxième édition des *Fleurs du mal* en 1861 qu'il a « [c]omme un parfait chimiste et comme une âme sainte [...] de chaque chose extrait la quintessence » ; il ajoute « Tu m'as donné ta boue et j'en ai fait de l'or. » Le projet baudelairien, comme celui des autres écrivains, s'articule autour de cette double idée : une recherche formelle, une tentative pour transformer la matière même du langage – dont l'alchimie est souvent la métaphore ou l'image métatextuelle (parcours 1) – et la recherche de l'absolu, illustrée en poésie par celle de l'or (parcours 2).

Étude approfondie de l'œuvre

Baudelaire et son temps : le « peintre de la vie moderne »

Que retenir des conditions de production d'une œuvre ? Il importe finalement assez peu que Baudelaire soit né le 9 avril 1861, un lundi, au 13 rue Hautefeuille à Paris, le lendemain de l'intervention des troupes autrichiennes contre l'insurrection libérale piémontaise en Italie : seul l'élève trop appliqué apprendra ces données insignifiantes et il n'impressionnera certainement personne en les récitant.

Faut-il cependant se détourner de ce contexte pour se concentrer sur la lecture du texte brut ? Certainement pas : la poésie de Baudelaire est loin d'être coupée des réalités concrètes de l'existence. Si les détails factuels de sa vie peuvent être oubliés, il importe que Charles Baudelaire a puisé l'inspiration de ses poèmes au contact du monde et de son expérience : comme chacun d'entre nous, il s'est interrogé sur lui-même et sur des aspects très concrets de la politique, de la société, des arts et même des transformations urbaines de son époque. C'est ce paysage, cet imaginaire, très subtilement différent du nôtre, qu'il faut reconstituer.

Écrire au temps du Second Empire

Le siècle des révolutions

Charles Baudelaire est né en 1821 et il publie *Les Fleurs du mal* en 1857 ; entre temps il aura vu passer pas moins de quatre régimes politiques (alors que la plupart d'entre nous n'en ont connu qu'un seul). Selon l'historien François Furet, le XIXe siècle – et plus précisément la période qui va de 1814 à 1880 – est marquée par le souci de « terminer la Révolution française ». En effet, si les événements de 1789 et ceux qui suivirent amorcèrent une rupture politique, sociale et culturelle inédite dans le paysage français, les idéaux des premiers révolutionnaires ne firent pas long feu : la jeune République échouera à s'imposer, cédant sa place au bout de quelques années au premier Empire de Napoléon. Les soubresauts politiques du XIXe siècle et les réflexions sur l'héritage de la Révolution française eurent une grande importance sur l'œuvre de Charles Baudelaire, c'est pourquoi il convient d'en décrire les grandes lignes :

Napoléon Ier

La Restauration (1815-1830)	Après avoir été un empire, la France redevient une monarchie, le roi Louis XVIII (le frère cadet de Louis XVI) met en place une monarchie parlementaire assez réactionnaire : on considère souvent cette période comme un retour en arrière.
La Monarchie de Juillet (1830-1848)	À la suite d'émeutes appelées « les Trois Glorieuses », Louis-Philippe d'Orléans obtient le pouvoir, il n'est plus « Roi de France » mais « Roi des Français ». La France est toujours une monarchie parlementaire mais le régime est plus libéral sur les plans politiques et sociaux.
La Seconde République (1848-1852)	Une nouvelle série d'émeutes en février 1848 déstabilise le régime, au terme de celles-ci la IIe République est proclamée : de nombreuses avancées politiques (comme le suffrage universel) et sociales (l'abolition de l'esclavage) sont faites. Des divisions demeurent néanmoins.
Le Second Empire (1852-1870)	L'élection au suffrage universel du président de la République en 1848 mène à la tête de l'état Louis-Napoléon Bonaparte, neveu de l'ancien empereur. Progressivement, il confisque le pouvoir : il organise un coup d'État le 2 décembre 1851, un an plus tard il proclame le Second Empire et devient Napoléon III.

Politique et société à l'époque de Napoléon III

Le Second Empire, le régime sous lequel Charles Baudelaire écrit les *Fleurs du mal* est certes autoritaire mais non dénué d'une certaine modernité. En effet, les ombres au tableau du Second Empire sont nombreuses : fondé dans le sang par un coup d'État qui mit un terme aux aspirations des républicains, il fut marqué par la corruption et par un certain affairisme. Une « loi de sûreté générale » permet à Napoléon III d'emprisonner ou de déporter les opposants politiques. Le cas de Victor Hugo est célèbre : il est officiellement banni le 9 janvier 1852, il restera en exil à Bruxelles, Jersey puis Guernesey jusqu'à la chute du régime en 1870 ; cependant l'écrivain demeura, même à distance, un opposant acharné de l'empereur, il écrivit ainsi contre lui *Les Châtiments* en 1853 dans lesquels ce dernier est qualifié de « Napoléon le petit ». Baudelaire peu impliqué politiquement ne fut jamais concerné : ainsi, il n'hésite pas à la suite de son procès, à solliciter par une lettre l'impératrice Eugénie afin d'alléger sa peine.

Sur le plan social, cette période est marquée par d'importants changements. En effet, depuis les années 1830, la France est pleinement entrée dans la révolution industrielle ce qui entraîne la paupérisation de la classe ouvrière qui se constitue en ce que Karl Marx, l'auteur du *Capital* (1867), appellera le « prolétariat ». Ces ouvriers exploités travaillent beaucoup (de 12 à 15 heures par jour), sont mal payés et pâtissent de conditions de vie très difficiles. Celles-ci sont l'objet de plusieurs romans d'Émile Zola (*Germinal*, 1884). Il faut néanmoins nuancer cette « légende noire » : Napoléon III tenta d'améliorer le sort des plus pauvres, il reconnut ainsi le droit de grève en 1864 et favorisa l'instruction publique. Cela n'empêcha pas les écarts de se creuser : le Second Empire fut l'époque du triomphe de la bourgeoisie (à la fois la haute bourgeoisie constituée des capitaines d'industries et la petite bourgeoisie des propriétaires de boutiques). Elle impose son mode de vie, ses loisirs et ses valeurs : la critique de la pensée bourgeoise est l'un des thèmes importants du *Spleen de Paris* de Baudelaire et de plusieurs poèmes des *Fleurs du mal*. C'est d'ailleurs au nom de la morale bourgeoise qu'en 1857 le recueil fut censuré.

L'un des effets les plus directement visibles des mutations économiques et sociales du Second Empire est l'exode rural qui s'accompagne d'une très forte urbanisation. Les villes grandissent et se transforment. Cela est particulièrement vrai de Paris qui change proprement de visage : de 1852 à 1870, le baron Haussmann sollicité par l'empereur réalise des travaux d'envergure dans la capitale. Il s'agit plus précisément de percer de grandes artères dans la ville afin de la moderniser (amélioration de la circulation, des équipements, de l'hygiène) mais aussi afin de limiter les risques d'insurrections. Ces travaux ont néanmoins pour effet de faire disparaître des quartiers entiers et surtout de refouler les pauvres aux confins de la ville (les « faubourgs »). Ces changements sont observés avec acuité par Baudelaire dans les « Tableaux parisiens » : il écrit ainsi dans « Le Cygne », « Le vieux Paris n'est plus (la forme d'une ville / Change plus vite, hélas ! que le cœur d'un mortel) ».

Politique de Baudelaire : un antimoderne ?

L'auteur des *Fleurs du mal* n'est ni Hugo, ni Zola. Il ne s'est jamais investi dans le combat contre les inégalités sociales : s'il décrit les bas-fonds de Paris dans *Les Fleurs du mal* et dans *Le Spleen de Paris*, c'est avant tout parce que ceux-ci offrent des sujets de représentation poétique saisissants (la dépravation, la prostitution…). Par exemple dans la dernière section des *Fleurs du mal*, « La Mort », « la Mort des pauvres » est mise au même niveau que celle des autres catégories sociales, elle n'est ni survalorisée, ni dégradée.

La politique est discrète dans ses ouvrages, il écrit ainsi dans son autobiographie, *Mon cœur mis à nu* : « Politique. — Je n'ai pas de convictions. », il se dit « dépolitiqué » par le coup d'état de 1851. Cela n'est pas complètement sincère : ne pas choisir, c'est déjà faire un choix. En effet, les écrits de Baudelaire témoignent de partis pris assez tranchés : il est contre-révolutionnaire, antiphilosophique et pessimiste. Selon lui le seul « gouvernement raisonnable » est l'aristocratie tandis que « Monarchie ou république basée sur la démocratie sont également absurdes et faibles ». Le critique Antoine Compagnon fait de lui un antimoderne. Les antimodernes sont « Non pas les conservateurs […] mais les modernes à contre-cœur, malgré eux, à leur corps défendant, ceux qui avancent en regardant dans le rétroviseur». Baudelaire porte en effet un regard lucide sur la modernité de son époque, pour lui «Il y a dans tout changement quelque chose d'infâme et d'agréable à la fois, quelque chose de l'infidélité et du déménagement.»

L'auteur : Charles Baudelaire (1821-1867)

Vie et œuvre

Éléments biographiques	Œuvres et contexte artistique
1. Le poids des origines	
1821 : naissance à Paris d'une mère de 27 ans et d'un père de 62 ans qui mourra cinq ans plus tard. Une partie de sa famille est de constitution maladive.	**1820** : Lamartine publie les *Méditations poétiques*, chef-d'œuvre du lyrisme romantique.
1828 : remariage de sa mère avec le commandant Aupick. Il entretint à l'égard de celui-ci un fort ressentiment, il lui apparaît comme le symbole vivant de bourgeoisie. **1839** : Renvoi du lycée Louis-le-Grand, mais il obtient quand même son baccalauréat. **1841** : départ pour l'île Bourbon (La Réunion).	**1828** : le jeune Hugo publie *Odes et ballades* d'inspiration monarchiste et catholique. **1833** : Chopin compose son célèbre *Nocturne*. **1835** : Hugo écrit *Les Chants du crépuscule*. **1835-1837** : Musset compose *Les Nuits*. Le Romantisme se fait plus sombre.
2. Une jeunesse dissolue	
1842 : Baudelaire rencontre Jeanne Duval, femme métisse avec qui il entretint une passion compliquée qui fut la matière de nombreux poèmes.	

1844 : sa famille lui impose un conseil juridique pour l'empêcher de disposer de sa fortune. Pour vivre, il devient critique d'art et journaliste. **1848** : il participe aux journées de février, il s'oppose en fait aux valeurs bourgeoises. **1852 :** début d'une liaison avec Marie Daubrun, il écrit des poèmes anonymes à Mme Sabatier, une femme du monde cultivée et spirituelle.	**1844** : Turner peint *Pluie, vapeur et vitesse* qui fait rentrer la modernité en peinture. **1845-1846** : Baudelaire publie deux *Salons*. Dans sa critique d'art Baudelaire développe les principes de son esthétique. **1851 :** Baudelaire écrit *Du vin et du haschich*, qui illustrent sa fascination pour les « paradis artificiels ». **1853 :** Hugo écrit *Les Châtiments*. **1854 :** Gérard de Nerval, écrivain du rêve, publie *Les Chimères*.
3. Le poète	
1856 : Baudelaire publie la traduction des *Histoires extraordinaires* d'Edgar Poe. **1857 :** il avoue être l'auteur des lettres à Mme Sabatier décès de son beau-père, sa mère se retire à Honfleur. **Juin 1857 :** publication des *Fleurs du mal*. Juillet : procès et censure. **1860** : Baudelaire découvre les opéras de Wagner qui l'impressionnent vivement. Publication des *Paradis artificiels*. **1861** : 2e édition des *Fleurs du mal*. **1863** : Baudelaire écrit le *Peintre de la vie moderne* au sujet du peintre et dessinateur Constantin Guys. Il vend ses droits de publications pour pallier des difficultés financières. **1866** : plusieurs crises et une attaque de paralysie à Namur, son état de santé empire. 3e édition des *Fleurs du mal*. **1867** : Mort de Baudelaire, il est enterré au cimetière du Montparnasse.	**1856** : Hugo écrit *Les Contemplations*. **Février 1857 :** procès de *Madame Bovary* de Flaubert, accusé d'immoralité comme Baudelaire, Flaubert remporte de manière éclatante son procès à l'inverse du poète. **1859 :** première partie de *La Légende des Siècles* d'Hugo. Gounod compose son opéra *Faust*. **1863** : succès du *Capitaine Fracasse* de Théophile Gautier. **1863 :** Manet peint le sulfureux *Déjeuner sur l'herbe*. **1866 :** Verlaine publie les *Poèmes saturniens*. Offenbach compose l'opéra-bouffe *La Vie parisienne*. **1873** : publication d'*Une saison en enfer* de Rimbaud.

Le procès des *Fleurs du mal*

L'éditeur de Baudelaire, Poulet-Malassis, fait imprimer 1 300 exemplaires des *Fleurs du mal* qui sont mis en vente le 25 juin 1857. Celui-ci est vivement critiqué par la presse, en particulier par *Le Figaro* dans lequel on peut lire : « ce livre est un hôpital ouvert à toutes les démences de l'esprit, à toutes les putridités du cœur ; encore si c'était pour les guérir, mais elles sont incurables ».

En juillet 1857, le recueil fait l'objet d'une poursuite du Parquet pour « outrage à la morale publique ». Le procureur Ernest Pinard avait, quelques mois plus tôt mené une procédure similaire contre le roman réaliste de Flaubert *Madame Bovary* qui avait conduit le 7 février 1857 à l'acquittement de Flaubert dont on dénoncera tout de même le « réalisme vulgaire et souvent choquant ». On reproche surtout à Baudelaire les allusions sexuelles à peine voilées dans certains poèmes (« Les Bijoux ») et la représentation qu'il fait de l'homosexualité féminine (« Lesbos »). Malgré sa défense qui insista sur la fonction moralisatrice du recueil, Baudelaire fut condamné à 300 francs d'amende (il demanda et obtint la diminution de celle-ci auprès de l'impératrice Eugénie) et à la censure de six poèmes (« Les Bijoux », « Le Léthé », « À celle qui est trop gaie », « Lesbos », « Femmes damnées » et « Les Métamorphoses du vampire »). Cette décision fut l'objet d'un très grand ressentiment de la part de Baudelaire, il écrit ainsi à sa mère : « Vous savez que je n'ai jamais considéré la littérature et les arts que comme poursuivant un but étranger à la morale, et que la beauté de conception et de style me suffisent ».

Une autre édition du recueil fut réalisée en 1861 et en 1866, l'éditeur Poulet-Malassis publie les pièces censurées sous le titre *Les Épaves* (recueil qui fut également condamné). Ce n'est qu'en 1949 que le verdict de 1857 fut cassé, ce qui explique que les éditions contemporaines incluent généralement les pièces interdites en 1857.

Contexte culturel : une génération désenchantée

Splendeur et misère du Romantisme

Baudelaire est-il un écrivain romantique ? Cette question simple appelle une réponse relativement complexe. En effet, elle nécessite de préciser ce que l'on entend par « Romantisme ». Ce mouvement né au début du XIXe siècle dans le sillage de la Révolution française se caractérise surtout négativement : il est une réaction aux courants esthétique des siècles précédents – le Classicisme (deuxième moitié du XVIIe siècle) et les Lumières (XVIIIe siècle) – et est marqué par un désir assez imprécis de modernité. La sensibilité romantique s'appuie également sur l'expression des sentiments personnels (lyrisme). Elle prit néanmoins des formes diverses selon les auteurs durant plus d'un demi-siècle.

Le critique Paul Bénichou a montré qu'à cause de la diminution du fait religieux en France consécutif à la Révolution, la littérature prend progressivement la place symbolique de la religion dans la société. Le poète est ainsi dépositaire d'un sacerdoce et il est pareil à un prophète dont la tâche est d'élucider les symboles. À partir de ce constat, on peut distinguer quatre phases du mouvement romantique en fonction des différentes générations d'écrivain. D'abord le Romantisme se fit triomphant : le poète est alors l'équivalent d'un « mage », il se donne pour tâche d'éclairer le peuple. Victor Hugo écrit ainsi dans le poème « Fonction du poète » que « Le poète en des jours impies / Vient préparer des jours meilleurs. / Il est l'homme des utopies, / Les pieds ici, les yeux ailleurs ».

Après ces débuts lumineux, le Romantisme se fait plus sombre dès 1830 : les déçus de la Monarchie de Juillet expérimentent les limites de la posture du poète-prophète : Paul Bénichou parle d'« école du désenchantement ». Alfred de Musset, dans sa *Confession d'un enfant du siècle* (1836) le nomme « mal du siècle » : selon lui, ces écrivains, nés à l'époque des guerres napoléoniennes, ont enfants rêvé de batailles et de gloire et furent adultes frustrés de vivre dans le monde bourgeois de la Restauration ; alors « les esprits exaltés, souffrants, toutes les âmes expansives qui ont besoin de l'infini, plièrent la tête en pleurant; ils s'enveloppèrent de rêves maladifs, et l'on ne vit plus que de frêles roseaux sur un océan d'amertume». La mission du poète devient une malédiction; ainsi désenchanté il peine à trouver sa place dans la société: Verlaine qualifia de «poètes maudits» ces écrivains torturés qui ne parvinrent pas à vivre de leur art. Selon le critique John E. Jackson, ce «romantisme noir» constitue un tournant culturel car ces écrivains mettent en œuvre une «capacité négative»: «la *capacité négative* est la capacité d'endurer l'irrésolution de l'incertain en tant que telle, la capacité de tolérer qui fait que la raison puisse être mise en échec, voire même dépassée». Le romantisme a donc inoculé la négativité.

Bien qu'appartenant à la génération suivante, Baudelaire s'inscrit dans leur lignée. Par exemple, il rendra souvent hommage au poète Gérard de Nerval qui se suicida en 1854 à la suite de multiples crises nerveuses, allant selon les mots de Baudelaire «délier son âme dans la rue la plus noire qu'il pût trouver». Pour cette raison, il se reconnaît comme héritier du Romantisme, il écrira dans son *Salon de 1846* «Pour moi, le romantisme est l'expression la plus récente, la plus actuelle du beau»; il éprouvera cependant les limites de ce mouvement: pour lui les Romantiques «ont cherché en dehors, et c'est en dedans qu'il était seulement possible de le trouver.» Il reproche ainsi aux écrivains romantiques une quête d'absolu et de beauté subordonnée à la recherche d'autres objets (l'amour, la nature, la politique) alors que selon lui, la littérature et la poésie se suffisent à elles-mêmes.

Il emprunte cette idée au Parnasse, mouvement en marge du Romantisme qui se développera entre 1866 et 1876 autour de la doctrine de «l'art pour l'art»: les Parnassiens valorisent en effet l'impersonnalité et le travail de la forme. Charles Baudelaire est donc un Romantique frustré qui trouve dans le Parnasse le point de départ d'une nouvelle esthétique. Ce parcours est illustré par le poème «Le Coucher de soleil romantique» où le motif du crépuscule illustre cet adieu au Romantisme.

Influences littéraires

Bien que renvoyé du lycée Louis-Le-Grand, Baudelaire a été formé aux humanités classiques : il connaît bien les écrivains de l'Antiquité gréco-latine (Cicéron, Virgile). Son goût se tourne vers les poètes baroques : Agrippa d'Aubigné, Théophile de Viau, Saint-Amant ; sûrement considéra-t-il dans ce mouvement du tournant entre les XVIe et XVIIe siècles, caractérisé par un goût pour le mouvement, les effets d'inversion et le spectaculaire, un reflet de ses propres préoccupations esthétiques et une manifestation de l'idée que « le beau est toujours bizarre ». On pourra, grâce à la lecture des *Réflexions sur quelques-uns de mes contemporains* que Baudelaire rédigea en 1861 se faire une idée de ses goûts : Victor Hugo (à qui trois poèmes des *Fleurs du mal* sont dédicacés), Théophile Gautier (à qui le recueil est dédicacé), Marceline Desbordes-Valmore, Leconte de Lisle.

L'influence la plus importante pour Baudelaire fut probablement celle d'Edgar Allan Poe, auteur américain de contes fantastiques et de poèmes, qu'il découvrit en 1848, un an avant la mort de celui-ci. Il traduisit ses *Histoires extraordinaires* (1856), les *Aventures d'Arthur Gordon Pym* (1858), les *Histoires grotesques et sérieuses* (1865) ainsi que plusieurs de ses poèmes, dont « Le Corbeau ». Selon le critique Jean-Pierre Richard, la fascination de Baudelaire pour Poe s'explique parce qu'il pouvait reconnaître en lui « un reflet de ses propres peurs ». En effet, les contes « bizarres » et fantastiques de Poe constituent un univers trouble où les personnages sont sans cesse menacés par la chute, où la vie et surtout l'amour côtoient souvent la mort et où les mots sont toujours ambigus.

Baudelaire et les arts

Dans « Correspondances », Baudelaire écrit que « les parfums, les couleurs et les sons se répondent ». Ce vers est l'indice que le poète était peut-être affecté de synesthésie, un processus neurologique qui conduit à associer les sensations issues des différents sens. Quoi qu'il en soit, l'auteur des *Fleurs du mal* se donne pour principe de ne jamais couper la poésie des autres arts. Critique d'art au début de sa carrière, il fréquenta de nombreux peintres célèbres : Delacroix, Courbet et Manet. Il se montre particulièrement sensible à l'égard des tableaux de Delacroix ; il reconnaît en ses tableaux « où les sons tintent musicalement, où les couleurs parlent, et où les parfums racontent des mondes d'idées » une esthétique pareille à la sienne. Néanmoins, il dénonce dans les œuvres de Courbet un réalisme qui fait la « guerre à l'imagination ». Baudelaire rendra compte de son admiration pour la peinture dans *Les Fleurs du mal*, en particulier dans le poème « Les Phares » qui relit l'histoire de la peinture du point de vue romantique.

La musique est également très importante dans l'œuvre de Baudelaire : ainsi, il fut très impressionné en 1860 lors d'une représentation à Paris des opéras de Wagner au point d'écrire une lettre au compositeur dans laquelle il qualifie son œuvre de « cri suprême de l'âme montée à son paroxysme ». Baudelaire écrira à ce sujet un essai, *Richard Wagner et Tannhäuser* en 1861. Comme la peinture, la musique offre au poète un répertoire d'images et de motifs qui infuseront ses poèmes.

Le poète de la modernité : les lecteurs de Baudelaire

Le poète Paul Valéry écrit : « La plus grande gloire de Baudelaire [...] est sans doute d'avoir engendré quelques très grands poètes. Ni Verlaine, ni Mallarmé, ni Rimbaud n'eussent été ce qu'ils furent sans la lecture qu'ils firent des *Fleurs du mal* à l'âge décisif ». L'influence de Baudelaire fut en effet extrêmement importante pour le symbolisme : Mallarmé a composé un « Tombeau de Baudelaire » en son honneur et Rimbaud écrit dans sa lettre à Paul Demeny du 15 mai 1871 (ou « Lettre du voyant ») que « Baudelaire est le premier voyant, roi des poètes, un vrai Dieu. » Le symbolisme fit en effet de Baudelaire son précurseur : il admira dans la poésie des *Fleurs du mal* le travail sur la forme qui engageait la valorisation poétique du « symbole » et la recherche d'un nouveau langage.

L'influence de Baudelaire sur la culture fut très grande. Le critique John E. Jackson considère que la poésie moderne commence ainsi avec *Les Fleurs du mal*. Le poète Yves Bonnefoy a qualifié le XXe siècle de « siècle de Baudelaire ». Pour les philosophes, interroger la modernité, c'était donc interroger Baudelaire : Jean-Paul Sartre a par exemple écrit un essai sur ce dernier dans lequel il dénonce l'hypocrisie de la révolte baudelairienne : « C'est au sein du monde établi que Baudelaire affirme sa singularité. Le révolté a soin de maintenir intacts les abus dont il souffre pour pouvoir se révolter contre eux ».

Les enjeux de l'œuvre

Les seuils de l'œuvre

Entrons-nous vierge de tout *a priori* dans l'ouvrage de Baudelaire ? Bien sûr que non : son statut de classique fait que de nombreux discours – positifs ou négatifs – précèdent notre lecture. Mais qu'en était-il pour les lecteurs contemporains de Baudelaire ? Certes, le procès a ajouté un parfum sulfureux à l'œuvre qui ne l'a plus jamais quittée. Néanmoins, en amont de l'œuvre, il ne disposait guère que des paratextes – le titre et la dédicace – pour se préparer au choc de la lecture. Mettons-nous dans les pas de ce lecteur et voyons ce qu'annoncent ces « seuils ».

Le titre

Il est difficile aujourd'hui d'imaginer que le recueil eût pu avoir un autre titre. Cela aurait pourtant pu être le cas : Baudelaire en a envisagé au moins deux autres.

- En 1845, le titre *Les Lesbiennes* est proposé[1] ; Baudelaire le qualifie néanmoins de « titre pétard ». Si aujourd'hui ce titre n'apparaît pas choquant, au milieu du XIXe siècle, c'est une provocation envers la morale bourgeoise.
- En 1848, un recueil intitulé *Les Limbes* est annoncé. Ce titre parlait certainement davantage au lecteur bourgeois : il évoque, dans la tradition chrétienne, le séjour des morts qui n'ont pas

1. Ce titre est cohérent : ce thème est très présent dans le recueil. On pense à « Lesbos » (pièce interdite) et aux « Femmes damnées ».

été baptisés. C'est un lieu incertain, entre enfer et paradis. Ce titre aurait mis l'accent sur la dimension religieuse et sur le jeu sur les limites à l'œuvre dans le recueil.

Selon les critiques, le titre *Les Fleurs du mal* fut proposé par un ami, Hippolyte Babou. Son caractère évocatoire est reconnu de tous, mais le comprenons-nous vraiment ? Ce titre met en contact deux objets associés à des valeurs opposées : les fleurs et le mal.

- « Les fleurs ». Le poète joue avec la tradition poétique : ce terme rappelle les *florilèges*, ces recueils de poésies dont l'origine vient du latin *flor* qui signifie « fleur ». Selon cette métaphore, la composition devient une véritable cueillette (d'où le mot « recueil ») et les feuilles du livre s'assimilent aux pétales d'une fleur. Plus généralement, cette partie du titre renvoie à la poésie amoureuse, les fleurs sont l'image du cadeau que fait le poète à sa dame. Ce mot renvoie ainsi à la dimension lyrique de la poésie amoureuse. Au-delà de ces références, les fleurs renvoient plus simplement à la beauté et la jeunesse : la poésie jusqu'à Baudelaire se donnait pour mission de chanter la beauté du monde.
- « Le mal » appartient au vocabulaire théologique ou moral, il s'explique surtout dans sa tension avec le Bien. Le mal et ses avatars (la laideur, la souffrance, la misère, la maladie, la mort) sont rarement l'objet de d'une représentation littéraire, sauf dans une perspective moralisatrice.
- « Les fleurs du mal » : leur mise en contact articule donc morale et esthétique. Ce titre est une mise en œuvre du projet baudelairien : le poète, considérant que tous les sujets poétiques traditionnels – l'amour, la nature, Dieu – sont épuisés, décide donc de « plonger au fond du gouffre », « au fond de l'Inconnu pour trouver du nouveau » (« Le Voyage ») et de prendre les pires sujets pour en faire des objets de beauté grâce à une forme de dialectique. Le poète souhaite donc faire naître des fleurs à partir de cette matière pourrissante : telles sont les « fleurs du mal » baudelairiennes.

La dédicace

Le recueil de 1857 est dédié à Théophile Gautier (que Baudelaire rencontra autour de 1848), un poète de la génération précédente, auteur entre autres des recueils *Les Grotesques* (1843) et *Émaux et Camées* (1852). Entre les deux poètes, il y a une communauté de thèmes (la mort, la mélancolie) mais aussi un même goût pour le travail formel : Baudelaire qualifie Gautier de « poète impeccable ». Dans sa dédicace, Baudelaire écrit « je dédie ces fleurs maladives », il confirme ainsi l'une des interprétations du titre : les poèmes sont des fleurs à la fois malades du Romantisme et porteuses de maladie ; par leur contact mortifère, le poète entend renouveler la poésie et l'ouvrir à la modernité.

Le poème « Au lecteur »

Il n'est pas numéroté comme les autres poèmes. Son statut est donc particulier : comme l'indique son titre, il s'agit encore d'un seuil[1] dont la fonction est de définir les enjeux du recueil et de préciser les conditions de l'énonciation poétique. L'ambition morale des *Fleurs du mal* est d'emblée précisée : l'objet de la description sera « l'Enfer » vers lequel nous descendons chaque jour par un pas supplémentaire car le péché triomphe toujours des hommes. Le poète s'adresse donc directement au lecteur pour l'invectiver (« Hypocrite lecteur ») mais aussi pour affirmer qu'au sein de cet univers décadent, poète et lecteur demeurent des « semblables ».

La structure

Évolution de la structure au fil des éditions

Les *Fleurs du mal* connurent plusieurs éditions : l'une en 1857 qui fut censurée, celle de 1861 amputée des pièces interdites mais qui présente plusieurs ajouts et une édition posthume en 1868 qui

1. Baudelaire avait pour ambition de proposer un épilogue pour l'édition de 1861 (qui aurait fait le pendant de ce « prologue »).

intègre de nouveaux poèmes[1]. « Les Épaves » (les poèmes interdits) seront publiés en 1869 à Bruxelles dans un *Complément aux Fleurs du mal.*

L'une des principales différences entre les éditions de 1857 et celle de 1861, outre les pièces retirées et ajoutées, est l'ordre des sections :

- En 1857 : « Spleen et Idéal », « Fleurs du mal », « Révolte », « Le Vin », « La Mort ».
- En 1861 : « Spleen et Idéal », « Tableaux parisiens » (composé de huit poèmes que Baudelaire déplace de « Spleen et Idéal » et de dix autres, parus dans des revues entre 1857 et 1861), « Le Vin », « Fleurs du mal », « Révolte », « La Mort ».

En tout l'édition de 1857 contenait 100 poèmes tandis que celle de 1861 en contient 126.

Structure générale

« Le seul éloge que je sollicite pour ce livre est qu'on reconnaisse qu'il n'est pas un pur album et qu'il a un commencement et une fin[2] ». Dans ce mot adressé à Vigny, Baudelaire souligne l'importance de la composition de son ouvrage. Le recueil n'est donc pas un simple florilège de son œuvre poétique mais bien un bouquet savamment construit. L'idée de commencement et de fin implique un parcours, une progression voire même un récit que l'on se doit de dégager pour comprendre le sens (direction, signification) de l'œuvre.

Le procès intenté contre son recueil en 1857 impose à Baudelaire deux choix. D'abord celui de défendre l'œuvre « dans son ensemble » (« Notes pour mon avocat ») : il ne faut pas s'arrêter aux seules pièces condamnables (ou du moins jugées comme telles), il faut les prendre dans un propos plus général. Si l'on ne considère pas

1. On ne sait pas si ce nouveau classement a été réalisé selon la volonté de Baudelaire. On intègre donc généralement ces nouveaux textes à la fin des éditions modernes.
2. Baudelaire, *Correspondance*, Paris, Gallimard, coll. « La Pléiade », t. II, p. 196.

la lente chute que met en scène l'œuvre, on ne peut pas saisir le rôle joué par certaines images provocantes, au-delà du simple goût de la polémique de l'auteur. Deuxième bouleversement provoqué par la condamnation de certaines pièces, l'auteur doit retourner au travail, recomposer l'œuvre pour préserver son sens sans prendre le risque d'une nouvelle censure. Les changements sont profonds et l'édition de 1861, la dernière signée de l'auteur, montre à la fois l'effort de préserver l'équilibre souhaité[1] et la propension à développer davantage le recueil. Ce faisant, il en change tout de même la portée : l'ajout d'une section complète, « Tableaux parisiens » introduit une nouvelle dans le parcours du poète et de son âme ; le déplacement de la section « Le Vin », qui était située à la fin, avant « La Mort », et passe après « Tableaux parisiens », modifie le sens à donner aux « paradis artificiels » que l'alcool fait entrevoir et envisager. Si dès l'édition originale Barbey d'Aurevilly avait su déceler et glorifier une « architecture secrète » à l'œuvre, il faut bien admettre qu'en 1861 celle-ci s'est encore agrandie et que, loin d'avoir renoncé après la déception de la condamnation, le poète a su se servir de cette difficulté pour préciser sa démarche.

L'œuvre s'ouvre sur plusieurs seuils : un titre, une dédicace et un « Au lecteur » qui ne sont donc pas spécifiquement des sections de l'œuvre. Il y a 6 sections dans l'édition de 1861 : « Spleen et Idéal », « Tableaux parisiens », « Le Vin », « Fleurs du mal », « Révolte », « La Mort ». Avant de détailler chaque étape et de montrer ce qui s'y joue précisément, il faut d'abord analyser l'architecture du recueil en dégageant la structure à l'aide des moments forts de cette progression. En effet, en hommage à Satan dont il fait la source de son inspiration, le recueil s'apparente à une chute. La chute est un motif poétique, que les anthropologues identifient comme l'un des motifs fondamentaux de notre imaginaire ; on la trouve bien sûr dans la Bible avec la faute de l'homme, ce péché originel qui pousse Dieu à le punir en le chassant du jardin d'Éden. La vie terrestre de l'homme, dans le paradigme judéo-chrétien, est donc la marque même d'une chute et de la faillibilité morale de

1. La première édition avait exactement cent poèmes, comme *Le Spleen de Paris* devait en avoir (même si Baudelaire meurt en ne laissant que cinquante poèmes à son dernier recueil).

l'homme. Cependant cette chute est mise en miroir dans la tradition poétique à celle de Satan lui-même : c'est le cas du *Paradis perdu* de John Milton (1674), qui évoque à la fois la chute de Satan et celle d'Adam et Ève. Le poème de Milton jouit d'une grande aura auprès des poètes et Baudelaire, en angliciste chevronné, le connaît bien. Satan est donc le premier à avoir chuté en se rebellant contre Dieu. Cette posture de révolte est bien celle adoptée par le poète, qui se rebelle contre sa condition humaine, contre le progrès et les traditions poétiques sclérosées. Pas étonnant donc de voir cette révolte poétique informée non plus par Dieu (s'apparentant alors à une élévation grâce à une voix *quasi* divine) mais bien par Satan, le premier révolté qui a poussé jusqu'à son paroxysme la posture de refus ayant entraîné sa chute.

On comprend désormais la différence de taille des sections qu'on peut interpréter comme l'appauvrissement de la voix du poète. En même temps que déclinent les forces de son âme, prisonnière de la mélancolie, que l'élévation (c'est le titre du troisième poème du recueil) devient impossible dans cette vie pour le poète (à l'image de l'albatros, deuxième poème du recueil), la voix fléchit. Les dernières éructations font de plus en plus place au silence. On a ainsi 85 poèmes pour « Spleen et Idéal », 18 pour « Tableaux parisiens », 5 pour « Le Vin », 9 pour « Fleurs du mal », 3 pour « Révolte » et enfin 6 pour « La Mort ». La chute n'est pas linéaire et il y a quelques sursauts, notamment après l'illusion que peut procurer l'ivresse ; il n'en demeure pas moins que l'ensemble progresse vers un assèchement du dire baudelairien : conclure sur la mort, c'est signifier la possibilité de ne plus avoir rien à dire, de ne plus pouvoir même parler, de n'être plus en mesure de communiquer son mal-être et simplement de le laisser l'emporter tout à fait. La mort, comme mise au tombeau, est la dernière chute possible, surtout si ce sont les Enfers qui attendent le poète maudit.

Ce parcours s'explique aussi thématiquement. Si « Spleen et Idéal », la première section, est la plus développée de toutes, c'est qu'elle contient la tension initiale que le poète cherche à résoudre entre un goût pour l'Idéal (représenter symboliquement le monde, le chanter pour le réenchanter) et sa mélancolie profonde qui, provoquant un dégoût irrévocable, l'empêche de concevoir que ce monde mérite ou peut être glorifié par la parole poétique. Le spleen l'emporte à la fin de cette première étape et le poète va chercher alors plusieurs postures à adopter, comme une résistance interne : avant d'être révolté contre le monde et sa répugnante modernité, Baudelaire se révolte lui-même pour sortir d'une torpeur morbide. « Tableaux parisiens » est cette nouvelle démarche. Au mouvement centripète de la première section succède un mouvement centrifuge : le regard se détourne de l'âme et se met à scruter davantage Paris, nouvel objet poétique dont la modernité est interrogée en même temps que montrée. L'espoir est de trouver dans le progrès technique, industriel, social, politique, artistique des modalités pour s'enthousiasmer de nouveau. Las, rien ne résiste au spleen, qui broie cette modernité et la rejette. Vient alors « Le Vin », ce « paradis artificiels », refuge hors du monde. Très vite tarie, cette source d'inspiration laisse place à une section un peu plus longue au titre évocateur, « Fleurs du mal » : c'est le moment des femmes (motif récurent de la poésie galante où le poète cherche à charmer la dame). Dans la tradition pétrarquiste, la nature est une métaphore de choix et la femme y est une fleur, souvent la rose qui métaphorise le sexe féminin. Les « fleurs » de cette section sont affreuses et détournent le poète de l'amour. Après une courte « Révolte », plus imaginaire et fantasmée qu'autre chose (les trois poèmes sont des références à la Bible) et donc une nouvelle posture illusoire et dérisoire, il ne reste plus que « La Mort », qui clôt l'œuvre sur un dernier mouvement descendant et sur l'espoir d'un ailleurs forcément meilleur puisqu'inconnu : « Plonger au fond du gouffre, Enfer ou Ciel, qu'importe ? / Au fond de l'Inconnu pour trouver du nouveau ! » sont les derniers vers du recueil.

Spleen et Idéal

C'est la plus longue section du recueil avec 85 poèmes, et la plus célèbre. Sa cohérence interne est tellement forte qu'on a pu l'étudier seule, comme un tout métonymique de l'ensemble de l'œuvre. En ce sens, ce serait une mise en abyme des *Fleurs du mal* puisqu'une seule section serait, dans sa propre structure, à l'image de la composition de l'œuvre entière. Il faut nuancer cela : si la tension entre les deux notions qui donnent son titre à cette première étape du cheminement poétique de Baudelaire est bien actualisée et opérante dans le reste du recueil, c'est pour la prolonger, la développer et donc la modifier. Si les deux mouvements, de la section comme du recueil, sont bien la chute, et qu'ils sont orientés dans le même sens descendant, on ne peut ignorer le sursaut final provoqué par « L'Horloge », dernier poème de la première section, qui ne peut en aucun cas s'apparenter à la fin du recueil. En effet, « L'Horloge » interpelle le poète par un « Souviens-toi ! » scandé qui rappelle la mortalité de l'homme, poussant le poète à sortir de chez lui et observer la ville de Paris. En revanche, à la fin des *Fleurs du mal* se trouve « La Mort », celle-là même qui était programmée et qui se trouvera alors enfin actualisée. Le dernier vers de « Spleen et Idéal » est conjugué au futur (« diras ») quand, à la fin du dernier poème du recueil, on peut lire « il est temps ! » Il ne faut donc pas confondre la section avec le recueil. Des échos métonymiques sont à l'œuvre, mais ce n'est pas une mise en abyme à part entière.

La tension inaugurale du recueil voit s'affronter le « Spleen » et l'« Idéal » : il faut donc expliquer leur rôle respectif pour le poète, avant d'analyser le lien qu'induit la conjonction « et » lourde de sens.

« Spleen » est un mot anglais signifiant « rate ». La rate est un organe du corps qui est associé à la mélancolie selon la théorie des humeurs. Héritée de la médecine antique et opérante jusqu'au XVIIe siècle inclus, la théorie des humeurs considère la santé comme un équilibre entre différents états d'âme associés physiologiquement à un liquide qu'un organe du corps produirait. Quand il y a déséquilibre, il y a maladie, chaque maladie étant associée à un liquide en trop dans l'organisme. La mélancolie est considérée comme un surplus de bile noire[1], liquide produit par la rate. On comprend donc le double mouvement opéré par Baudelaire : il va chercher une référence littéraire (puisque la théorie des humeurs a été réfutée par les avancées de la médecine moderne), un motif et un thème que la poésie a depuis longtemps développés ; ce faisant il réactualise aussi la langue en remotivant la métaphore splénétique originelle par l'utilisation du mot anglais. Ainsi Baudelaire

1. C'est ainsi que se comprend le second titre du *Misanthrope* de Molière, « l'atrabilaire amoureux » étant un oxymore (« atrabilaire » signifiant « celui qui a un excès de bile noire »).

invente un concept purement poétique, qui n'a pas d'autre acception dans la langue que celle de la poésie, un état d'âme propre au poète, cet être « comique et laid » (« L'Albatros ») qui ne se sent pas à sa place ici-bas.

L'« Idéal » est souvent associé à la poésie car celle-ci une langue à part, dont l'objet est la langue elle-même et non le propos que les mots sont censés porter : elle vise le beau et non la communication. En ce sens, elle a toujours eu une aspiration à l'Idéal. La poésie emprunte la démarche platonicienne dans laquelle il s'agit de s'élever jusqu'à la sphère du monde des Idées. La poésie est alors comprise comme un moyen de quitter le monde sensible au profit du monde intelligible. Baudelaire n'évacue pas cette haute ambition de la poésie et son recueil s'ouvre justement sur des poèmes qui font écho à ce désir d'élévation par la langue : « Bénédiction », « L'Albatros », « Élévation » et l'art poétique « Correspondances », les quatre premiers poèmes, mettent en scène cette aspiration *quasi* naturelle de la poésie. Cependant la poésie de la Renaissance a transformé l'idéal platonicien en une élévation religieuse, c'est-à-dire une ascension vers Dieu. Cette réduction de l'idéal poétique à une démarche spirituelle marquée par la chrétienté est rejetée par Baudelaire, qui cherche une nouvelle forme d'idéal dans un monde moderne, qui a décapité Dieu avec le roi en 1793.

C'est au sein de la tension entre ces deux termes que réside l'originalité du projet baudelairien. Le poète, tel l'albatros, est pris entre deux aspirations : l'une terrestre qui le cloue au sol, c'est le « Spleen » et l'autre céleste qui l'attire, c'est l'« Idéal ». La mélancolie empêche le poète de concevoir un monde meilleur à travers la langue ; il n'est plus en mesure de réenchanter un monde qu'il exècre. Néanmoins l'attirance pour un Idéal l'empêche de renoncer, et le pousse à chercher dans les « forêts de symbole » l'espoir d'un renouveau spirituel. La démarche symbolique devient alors non plus une élévation mais, quitte à être entraîné vers le bas par une force qui semble extérieure à soi, une chute. Tout s'inverse alors. Le mouvement ascendant devient descendant, le chant devient cri, Dieu devient Satan. Ainsi le lien entre les deux notions les modifie radicalement, et leur actualisation explique qu'elles restent malgré tout opérantes.

L'absence de déterminants et les majuscules dans le titre de la section font comprendre qu'il n'est plus seulement question de l'homme Baudelaire ou de la figure du poète : il s'agit bien de concepts qui s'affrontent et même si le poète est lui-même comme écartelé par eux, la bataille qu'ils se livrent le dépasse. Cette bataille aux dimensions telluriques fait de Baudelaire un témoin privilégié autant qu'une victime : « L'étude du beau est un duel où l'artiste crie de frayeur avant d'être vaincu » (« Le Confiteor de l'artiste », troisième poème du *Spleen de Paris*). On comprend qu'entre la mélancolie, source d'inspiration de la poésie qui se donne pour thérapie par la langue du mal-être existentiel, et l'aspiration spirituelle, conception de la langue comme belle et comme moyen d'atteindre par la beauté un état supérieur de l'existence, seule la langue du poète fait le lien. La beauté est donc à la fois le moyen et la fin d'une démarche poétique qui traduit les ambiguïtés de l'existence. C'est pourquoi la beauté est toujours ambivalente, ou plutôt « le beau est toujours bizarre » (*Exposition universelle*).

Toutefois, la section n'est pas une description de la bataille que se livreraient le Spleen et l'Idéal, c'est bien la mise en scène de celle-ci. On a donc pas un tableau fixe mais un récit : le texte évolue au fil des pages et des poèmes. Et c'est le Spleen qui l'emporte : à dix poèmes de la fin, quatre poèmes successifs sont intitulés « Spleen », puis à la fin de la section c'est le paroxysme du spleen (« Alchimie de la douleur », « Horreur sympathique » et « L'Irrémédiable »). La défaite de l'Idéal est irrévocable. Il faut le dernier sursaut de « L'Horloge » pour tenter de dépasser la tension initiale dans les parties suivantes, en adoptant des postures qui cherchent à échapper au duel passé et déjà dépassé par le triomphe du Spleen.

Tableaux parisiens

On sait qu'il y a un lien entre Paris et le Spleen, puisque le titre du dernier recueil de Baudelaire, publié de manière posthume et sans doute inachevé, s'intitule *Le Spleen de Paris*. Mais cette œuvre tardive ne doit pas orienter la lecture de la deuxième section des *Fleurs du mal* car Baudelaire n'a pas encore atteint le degré de radicalité de son dernier recueil (poésie en prose, ton polémique généralisé à l'ensemble des poèmes).

Cette section est la deuxième et la plus longue du recueil. C'est aussi ce qu'il y a de plus novateur thématiquement dans *Les Fleurs du mal* et c'est ce que Baudelaire a ajouté en 1861 après les condamnations de 1857. Ainsi, après le sursaut de « L'Horloge », le Je lyrique accepte d'entendre cet appel à la vie et l'interprète comme un retour à la vie sociale, celle dont il s'était éloigné compte tenu de son sentiment d'étrangeté en tant que poète ridicule parmi les hommes vulgaires. Dans sa « mansarde », le poète a une position surplombante sur la ville. De cette position moyenne, entre la Terre et les cieux, le poète jouit d'un point de vue inégalé sur la ville, dont il fait partie tout en étant légèrement en retrait. Les poèmes ne sont plus des « fleurs » mais des « tableaux », des descriptions rapides, imitant le coup d'œil du poète jeté sur la ville. On comprend que le premier poème s'intitule « Paysage » puisqu'il s'agit bien de substituer au récit de la bataille entre Spleen et Idéal la description d'un monde nouveau. Le poète suppose que ce serait reposant d'être un spectateur passif sans prendre le risque d'être victime collatérale d'une bataille du Beau. La nouveauté c'est l'inspiration urbaine de cette poésie. Le paysage de la nature laisse place au paysage urbain : ainsi, et peut-être contre son gré, Baudelaire est devenu le chantre de la modernité urbaine, permettant à la ville d'être objet poétique et chantée à son tour. Alors que Paris est une vision désespérante pour le poète antimoderne, elle trouve sous sa plume la forme que la modernité n'arrivait pas à lui donner : c'est la poétique du « bric-à-brac ».

Dans le terme de « tableaux », il y a bien sûr une référence à l'art pictural mais aussi à une tradition poétique, l'ekphrasis : c'est la description d'une œuvre d'art par la poésie pour mesurer les arts entre eux. Cependant, dans la modernité honnie du poète, l'art est devenu industriel, bourgeois, utilitaire, et la description a pour objet la ville de Paris dans son ensemble. Or la ville est en plein bouleversement depuis les grands travaux du baron Haussmann et la ville elle-même s'est muée en monstre effrayant, gris et sans charme. On devine ici le geste baudelairien : choisir à dessein un objet laid dont la poésie d'un nouveau genre saura déceler la beauté. Choisir Paris, en-dehors de refléter la réalité de la vie mondaine des artistes du XIXe siècle, c'est aussi oser affronter un objet à une échelle démesurée. C'est un défi que le poète relève pour montrer toute l'étendue de son art qui peut, en quelques traits rapides, quelques détails ajoutés au tableau, rendre compte d'une expérience humaine. Il y a bien une dimension esthétique à la démarche parisienne de Baudelaire.

Néanmoins, le retour au réel ne peut pas se satisfaire d'une posture solitaire. En effet, le poète n'oublie pas que la modernité industrielle charrie de nouvelles sources à la mélancolie : c'est l'injustice sociale des petites gens de Paris, c'est la vision des bas-fonds de la ville (« À une mendiante rousse », « Les Sept Vieillards », « Les Petites Vieilles », « Les Aveugles », « Le Jeu »). Le poète n'est pas seul à souffrir mais sa souffrance métaphysique résonne-t-elle avec la souffrance sociale et économique des ouvriers, des travailleurs (« Le Squelette laboureur ») ? Le poète met en scène le paradoxe d'une ville qui n'a jamais été aussi peuplée mais où l'on ne s'est jamais senti aussi seul. Il faut beaucoup de monde autour de soi pour se sentir seul. C'est ce que l'« énorme Paris » finit par faire comprendre au poète. S'il y a donc une reconnaissance d'autres souffrances, en filigrane, ce ne sont que des silhouettes auxquelles la poésie baudelairienne ne donne pas vraiment de corps. Les « fracas », « la rue assourdissante » ne sont que des bruits sans poésie ni charme. La grisaille (« Brumes et Pluies ») emporte les êtres avec elle et laisse les « quais froids » comme le montre le célèbre sonnet « À une passante » : la rue est devenue un lieu de passage (et Paris est plein de Passages[1]) et non plus un lieu de rencontre.

Deux « Crépuscules » encerclent la fin de la section. Il faut souligner que le premier est le « Crépuscule du soir » et que la section se clôt, après un dernier « Rêve parisien », sur un « Crépuscule du matin ». Du soir au matin, la section s'apparente à une nuit (où tous les chats sont, chez Baudelaire, noirs). Le moment privilégié à Paris est donc la nuit où les rues se vident, où le poète peut se retrouver car, solitaire, il n'est plus seul. Cependant, l'insistance sur le mot « crépuscule » relève l'importance du moment de ce passage qui s'effectue d'un monde à un autre, du monde du jour laborieux aux moments de grâce de la nuit. Le paradoxe c'est que l'horreur vécue dans l'atroce modernité du jour sert d'inspiration à l'écriture

1. Les Passages sont des rues couvertes.

poétique de la nuit. Paris symbolise enfin ce passage d'un monde à un autre, elle qui ne cesse de changer de forme au fur et à mesure qu'elle est enlaidie par la nouvelle architecture urbaine.

La fin de la section s'achève donc sur l'évocation d'un dernier rêve et de « l'aurore grelotante » qui affronte « le sombre Paris ». Pourtant, la section « Le Vin » s'ouvre par ces mots : « Un soir ». Que s'est-il passé entre ? Pourquoi la ville n'a-t-elle pas réussi à garder le poète distrait et occupé, à entretenir son inspiration ? Les distractions sont nombreuses à Paris : les bars, les femmes, les injustices vont alimenter désormais de nouvelles démarches poétiques. Ainsi, les sections qui suivent ne quittent pas Paris pour autant mais choisissent de ne se focaliser plus que sur un seul élément de la capitale, qu'Éluard en lecteur de Baudelaire saura nommer *Capitale de la douleur*[1].

Le Vin

Cette section a été déplacée par rapport à l'édition de 1857. D'abord conçue avec sérieux, l'échappatoire que promettent l'alcool et l'ivresse était situé juste avant « La Mort ». On proposait le paradis « artificiel » avant la promesse, peut-être, du paradis véritable d'après la mort. En le plaçant plus tôt en amont du parcours programmatique des *Fleurs du mal*, « Le Vin » ressemble moins à un aboutissement possible qu'à une étape parmi d'autres. On comprend qu'on retrouve ce nectar dans d'autres poèmes comme « Le Poison », « Le Flacon » ou « La Fontaine de sang ».

Certes, en plaçant au cœur de l'œuvre cette petite section, on peut penser qu'il y a là une acmé souhaitée par l'auteur : une pause, dans le parcours, qui voit le triomphe de l'artificialité. Cela n'est pas sans son revers négatif si l'on considère que l'artifice est montré comme simple étape, un sommet possible mais finalement dépassé à son tour. Le geste fort qui consistait à considérer le vin avec sérieux est dégradé ironiquement comme un geste

1. Premier recueil du poète surréaliste Paul Éluard en 1926, variation sur le titre *Spleen de Paris* et variation sonore entre « douleur » / « fleurs » et « capitale » / « mal ».

social et ridicule, une réaction puérile qui succède au dégoût des « Tableaux parisiens ». Du dégoût social au plaisir gustatif de l'alcool, il n'y a qu'un pas.

En effet, la composition en 5 poèmes de cette section est très éclairante. Il y a d'abord « L'Âme du vin » qui sert de programme à la section : c'est une longue prosopopée où l'âme du vin viendrait elle-même expliquer la manière dont l'ivresse permet d'être « content », à l'aide d'« une joie immense » qu'éprouverait le vin à tomber « dans le gosier d'un homme usé par ses travaux » : le recours à la figure rhétorique de la prosopopée et la répétition du mot « gosier » créent un écho entre « L'Horloge », dernier poème de « Spleen et Idéal » et cette « Âme du vin ». Contre les horreurs de la modernité dont Paris est l'emblème monstrueux, l'ivresse ouvre les sens et réenchante par l'illusion le monde ; enfin elle se donne comme nouvelle inspiration : « pour que de notre amour naisse la poésie ». Elle se substituerait même au Spleen, à l'Idéal et au monde social pour proposer « une rare fleur ! »

On a donc après quatre poèmes qui déclinent des créatures sociales touchées par cette nouvelle grâce artificielle : les chiffonniers, l'assassin, le solitaire et les amants. On note l'ambivalence de termes positifs (amants) et négatifs (assassin), les antithèses (solitaire contre amants), les jeux d'écho (deux termes au pluriel contre deux singuliers, à croire que les chiffonniers sont les amants et l'assassin le solitaire), le plaisir enfin de décrire les bas-fonds de la société « où l'humanité grouille » (vin des chiffonniers, dont la chute en « assassin » rappelle les injustices sociales). Un petit récit peut même se deviner entre ces quatre textes : les chiffonniers sont décrits comme des « gens harcelés de chagrins de ménage », puis apparaît un Je lyrique chez l'assassin qui annonce fièrement « Ma femme est morte, je suis libre ! » Joie de courte durée, car si la liberté est en effet une ivresse, et qu'on peut s'écrier contre la culpabilité « je m'en moque », arrive la solitude dès le poème suivant. Le sonnet « Le Vin du solitaire » met en scène l'opposition de deux joies, celle « d'une femme galante » et celle de la « bouteille profonde ». Le solitaire a beau professer sa préférence pour le vin au détriment de la femme, ce n'est pas sans ironie que la section se clôt sur « Le Vin des amants » : la solitude l'a vaincu et c'est de nouveau avec une femme que s'enivre le poète. La dernière phrase est conjuguée à la première personne du pluriel dans une euphorie que l'on sait éphémère : « dans un délire parallèle ! » et « vers le paradis de mes rêves ! » insistent sur l'aspect illusoire de cette artificielle communion. Même le vin a donc échoué à faire échapper le poète à son destin dérisoire.

Fleurs du mal

C'est la section éponyme au recueil et cela peut surprendre, tant les poèmes de cette section ne sont pas parmi les plus célèbres des *Fleurs du mal.* Pourtant il s'y joue deux éléments importants. D'abord, c'est le moment où le recueil bascule définitivement vers « le mal » du titre. Le renversement entre l'Idéal céleste et celui des « profondeurs » est désormais effectif et c'est le « Démon » (premier vers du premier poème de la section) qui l'emporte. Ensuite, c'est le sommet de la poésie galante dans le recueil : les fleurs sont apparentées aux femmes selon la tradition pétrarquiste.

En se détournant de l'illusion du « Vin » à cause de la solitude que l'ivresse avait provoquée, le poète se réfugie de nouveau dans un objet qui pourrait le divertir (au sens étymologique de « détourner ») de son horrible condition humaine : les femmes. Chaque poème porte ainsi sa muse, dans le but non plus d'exalter la dame ou sa beauté, ni même l'amour en général, mais de déceler les implications morales de la beauté. Ainsi, en s'amusant à détourner le topos galant de la poésie courtoise en choisissant des muses horribles, laides, repoussantes, immorales, abjectes, Baudelaire se force à interroger le lien entre esthétique (faire de beaux poèmes de ces objets détestables, chanter de véritables « fleurs » malgré tout) et éthique (ce n'en sont pas moins des fleurs « du mal »). Le projet n'est pas seulement métaphysique ou moral comme le sous-entend la tension entre « Spleen et Idéal », c'est aussi un projet esthétique qui met en scène, représente, illustre et finalement dit une autre tension, celle qui interroge le rapport ténu entre le propos et toute la morale que contient la langue qui l'exprime.

Défilent alors sous nos yeux « une martyre », des « femmes damnées », « les deux bonnes sœurs », « la fontaine de sang », le « vampire », ou « la Béatrice ». Cette étape est encore un échec pour le poète, qui n'arrive pas à se ressourcer. Comment le pourrait-il si la fontaine ne déverse que du sang et plus du vin, selon une transsubstantiation inversée ? En effet, si les femmes peuvent s'avérer une source amusante à l'inspiration poétique, le ton étant ici souvent mordant et ironique, très vite Baudelaire s'épuise et ne voit plus d'intérêt à poursuivre dans cette voie qui n'arrive pas à le distraire suffisamment de sa condition mélancolique : « J'ai cherché dans l'amour un sommeil oublieux ; / Mais l'amour n'est pour moi qu'un matelas d'aiguilles ».

On comprend que la fin de la section soit un « Voyage », thème et motif qui revient souvent pour clore une section. C'est l'image de la fuite, de l'espoir d'un ailleurs meilleur. Ici, le thème galant permet un « Voyage à Cythère », titre d'un célèbre tableau de Watteau qui met en scène les frivolités de l'amour. Mais c'est un voyage dans le passé auquel nous sommes conviés, pour souligner combien cette poésie amoureuse est révolue. C'est un passé proche et lointain à la fois : le poème reprend le titre d'un chapitre de *Sylvie* de Nerval (un poète contemporain) mais fait référence aussi à l'île de Cythère, île d'Aphrodite et lieu d'un culte à l'amour, qui renvoie à un passé mythique.

Le dernier poème est une petite vanité sur le modèle de la Renaissance qui déploie une image du crâne, véritable *memento mori*. Le discours de « L'Horloge » résonne de nouveau et relance le parcours poétique du Je lyrique, qui doit abandonner là les femmes, grotesques et sublimes, qui n'ont su le détourner assez du chemin qui mène, comme le « crâne » le symbolise bien, à la mort.

Révolte

Avant-dernière section des *Fleurs du mal*, « Révolte » propose un pénultième moyen d'évasion : le poète fait sienne la posture romantique du satanisme prométhéen dans le défi lancé au catholicisme. Il s'agit en effet d'opposer à une divinité faible ou cruelle une attitude de défi et de refus : le frisson du blasphème fournit alors au sujet la certitude qu'il est bien vivant. Celui-ci apparaît alors comme un pis-aller alors que l'idéal se dérobe, il est en fait une façon de forcer la transcendance à s'exprimer en la défiant ouvertement.

Cette section assez courte est composée de trois poèmes correspondant à trois figures de plus en plus contestataires, issues du paradigme judéo-chrétien : le Nouveau Testament de saint Pierre, l'Ancien Testament du mythe d'Abel et Caïn et les écrits apocryphes évoquant Satan.

Le titre « Le Reniement de saint Pierre » s'inspire du passage des Évangiles où Pierre nie par trois fois avoir connu le Christ. Néanmoins Baudelaire inverse la lecture traditionnelle de celui-ci, faisant de Pierre une figure de l'humanité souffrante face à un Dieu sadique « saint Pierre a renié Jésus… il a bien fait ! »

Le poème suivant « Caïn et Abel », consacré au premier meurtrier de l'Histoire (*Genèse,* 4:1), poursuit cette relecture de la Bible sous l'angle de la transgression (il enfreint le sixième commandement, « Tu ne tueras point »). L'assassin est présenté comme une victime de son frère, peint ici comme un bourgeois.

Dans cette relecture de la Bible, Satan devient le nouveau Christ. Le troisième poème de la section se présente comme une inversion des prières traditionnelles. La Révolte du poète s'achève avec cette inversion qui apparaît elle-même comme la dernière des transgressions.

On le devine à la lecture de ces trois poèmes, la « Révolte » du poète, tant espérée, n'a finalement pas lieu. C'est un hommage à trois figures de révoltés, qui sont toutes transgressées par rapport à la lecture qu'en fait traditionnellement l'exégèse chrétienne. Mais cet hommage, s'il met en scène un dévoiement de la lecture, n'en reste pas moins qu'au niveau de la déférence, voire du simple plaisir de la référence. Ces figures inspirent le poète, mais elles ne le poussent pas encore à l'acte : c'est une « Révolte » fantasmée, très littéraire et codifiée, à laquelle le lecteur est convié. Il faut attendre la dernière section consacrée à « La Mort » pour voir quelle mise en œuvre tire Baudelaire de ces lectures.

La Mort

La dernière section se construit en deux temps : d'abord les 5 premiers poèmes (autant que dans « Le Vin ») puis le dernier qui est différent des autres formellement car c'est le seul qui n'est pas un sonnet. La mort est le dernier saut dans l'inconnu, la dernière solution au spleen après les échecs successifs de Paris, du vin, des femmes et de la révolte. Si Baudelaire reprend donc la lecture chrétienne de la mort comme passage d'un état à un autre, d'ici-bas à l'au-delà, il ne fait plus cas de savoir ce dont il est vraiment question après cette vie qui fut si douloureuse et si sombre : les deux derniers mots à la rime du recueil sont « qu'importe ? » et « *nouveau !* » mis explicitement en italique. Espérons donc que ce nouvel et dernier « ailleurs » que le recueil dégage ne soit pas un nouveau leurre. Le doute existe et même fait perdurer la voix du poète plus que de raison.

Si les cinq premiers poèmes sont donc rigides formellement, dans un geste réactionnaire de retour au sonnet, le dernier est composé de huit parties qui semblent s'éterniser, comme si le dernier geste n'était pas possible et que la voix poétique trouvait un nouveau souffle. Et de fait, la « mort » à proprement parler est survenue plus tôt : après avoir rendu leur compte aux « amants », aux « pauvres » et aux « artistes » (des postures qu'il a lui-même adoptées au fil du recueil), arrive « La Fin de la journée », dont la symbolique est on ne peut plus explicite dans un recueil qui a déjà connu un « Crépuscule du soir », qui n'était encore qu'un moment de bascule. « Enfin ! » dit « le Poète » dans ce poème.

Pourquoi alors y a-t-il encore deux poèmes dans le recueil ? Pour laisser perdurer l'écho d'une voix après la mort, peut-être, et ainsi rompre le silence qu'impose le repos final du corps, preuve ultime d'un retour de l'âme à sa nature première, une nature idéale, universelle et immortelle. Pour vaincre les limites de l'imagination aussi, sans doute (il n'est pas rien que cet avant-dernier poème soit dédicacé au photographe Nadar) : « Le Rêve d'un curieux » répond ainsi au programme de montrer, par la parole, ce qui n'est pas concevable autrement que par l'esprit. En soulevant le voile de la mort et en proposant une vision personnelle de la vie après la mort, ou plutôt de la voix après le trépas, Baudelaire répond à tous les « curieux » y compris lui-même. La mort est-elle déjà consumée et est-ce une voix d'outre-tombe qui résonne pour la dernière fois ou a-t-on un dernier geste d'écriture, fou et insensé, avant de commettre l'irréparable, à savoir se taire ?

Il ne reste plus qu'un dernier « Voyage », nouvelle métaphore de la mort reprise tout au long des *Fleurs du mal* pour illustrer le désir de fuite du poète. Ce long poème fait la somme du recueil, dont il retrace le parcours sommairement : il s'ouvre sur le souvenir de l'enfance, la joie de la découverte du monde, puis le poète fait œuvre de « voyance » en cherchant à dire ce que le voyage terrestre, métaphore de notre humaine condition, lui a permis de voir de ce monde. La sixième partie du poème liste ainsi toutes les déceptions que vit l'homme et qui succèdent aux espérances des « cerveaux enfantins ». « Amer savoir, celui qu'on tire du voyage » : c'est l'évocation du Spleen avec la septième partie du poème, comme si le temps du poème et le temps du recueil se rejoignaient enfin, puis la huitième partie est consacrée enfin à la mort à proprement parler. Dernière chute, dernière nouveauté, le poème achève le recueil dans l'inconnu et l'ambivalence. C'est la fin d'un parcours malheureux, déçu, qui n'a pas su sortir de sa torpeur sinon de manière éphémère et illusoire. Ces gestes dérisoires culminent dans celui, pas moins pathétique, d'une mise à mort symbolique mais solennelle de la voix poétique.

Thèmes et formes

L'œuvre est surtout connue pour sa modernité. Pourtant, en croisant l'analyse thématique et l'analyse formelle, on se rend compte que *Les Fleurs du mal* s'inscrivent dans un temps long de la poésie dont elle reprend des sujets, des motifs et où elle puise les éléments majeurs de sa prosodie. La versification de Baudelaire est encore très structurée : l'alexandrin est le vers le plus usité du recueil ; les formes codifiées l'emportent comme l'atteste la présence massive de sonnets. Il ne faut pas lire le recueil à la lumière de la posture polémique du dandy ou prendre trop au sérieux les cris du poète maudit : il ne s'agit pas de commenter la radicalité des « petits poèmes en prose » (l'autre titre du recueil posthume connu sous le titre de *Spleen de Paris*) au ton bien plus sombre, railleur et déchirant. Non, *Les Fleurs du mal* sont composées avec un imaginaire marqué par une volonté de renouveler le lyrisme, et d'élucider une subjectivité et sa singularité.

La modernité de Baudelaire est d'abord le désir de dépasser les carcans classiques et surtout néo-classiques. Les Romantiques sont en effet en quête de liberté, tant politique que littéraire et ils amènent un nouveau souffle à la poésie. Cependant, le geste de Baudelaire est celui du renversement, pas de la table rase. Tous les thèmes majeurs de la tradition poétique sont renouvelés par un traitement original, souvent polémique, parfois par un dévoiement qui pousse jusqu'à la perversion et la subversion. Même la modernité urbaine dont Paris est l'emblème n'est que le revers du chant de la nature, la ville étant l'objet d'un « Paysage » à la manière des anciens. Cela touche jusqu'aux aspects formels du recueil, qui ne s'écarte pas d'une conception ancienne de la poésie comme enchantement : même si les objets choisis pour l'inspiration du poète sont des inversions grotesques de leur original (la charogne en lieu d'une fleur par exemple), la poésie continue d'être une langue versifiée qui met en forme le réel et en illumine le sens.

Les principaux thèmes de l'œuvre

Ailleurs

Fuir le monde honni, voilà un projet à l'écriture baudelairienne. Où ? Qu'importe dirait le poète, du moment que c'est un « ailleurs », qui n'existe qu'en creux et comme un envers à un « ici » bien identifié (Paris, la routine du quotidien, les malheurs sentimentaux, ici-bas). De nombreuses sections mettent en scène un voyage, surtout en fin de parcours et après un échec ; des poèmes sont dédiés à des thèmes proches (l'exotisme), à des objets qui le symbolisent (le navire, les phares…). On retrouve ici le thème des écrivains voyageurs de ce siècle (Chateaubriand, Nerval, Flaubert, Loti) qui ont puisé dans une expérience inédite du monde l'inspiration. Cependant, il n'est pas simplement question d'un changement géographique, d'un déplacement dans l'espace pour s'évader. Le mal-être est trop profond pour cela. Bien sûr, cette solution est évoquée au cours de « Spleen et Idéal », mais très vite cet « ailleurs » est une représentation sensible d'une autre forme d'échappatoire : les drogues des paradis artificiels, la mort ou l'au-delà (ciel ou enfer) sont des déclinaisons de cette envie d'ailleurs qui se fait de plus en plus urgente et de plus en plus nécessaire. Fuir à tout prix, coûte que coûte et n'importe où : seule peut-être la poésie rend possible la vision d'un lieu qui, puisqu'il n'existe que par différence de ce qui est connu, est inconnu.

Animaux

Les Fleurs du mal possèdent un véritable bestiaire, y compris des animaux inattendus en poésie comme les escargots, les vers ou le requin qui accompagnent les corbeaux dans « Le Mort joyeux ». Il y a bien sûr la volonté de rendre compte du monde dans toute sa complexité, avec tous ses petits détails, avec les êtres monstrueux et étranges que la nature a façonnés. Les animaux, c'est l'altérité absolue car les autres êtres humains partagent avec le poète cette humaine condition qui le dégoûte. Les animaux eux, libérés de la conscience et donc des questions morales, vivent dans le monde en harmonie avec l'ordre de la nature. Les évoquer, c'est rendre compte de la nature au sens large, c'est créer un imaginaire renouvelé (par les animaux inattendus). La variété du monde se devine dans la variété du bestiaire convoqué.

On distingue alors deux groupes d'animaux différents. Il y a le groupe de la nuit et les animaux associés au mal : chat noir, hiboux, serpent, corbeaux, vers... Ces créatures repoussantes, associées au malin, sont convoquées à un cortège morbide qui teinte le monde de sa noirceur. En même temps que Baudelaire s'amuse à glorifier ces corps dégoûtants, ces êtres qui charrient leur lot de malheur et de maladie, il les transpose en symboles d'un monde lui-même atroce et détesté. Ce n'est donc pas un projet didactique, mais un projet esthétique et poétique. L'autre groupe est celui des oiseaux : albatros, cygne, hiboux, corbeaux... ils sont, selon la tradition de l'élévation poétique, des allégories du poète ou de la poésie. Ainsi en est-il aussi chez Baudelaire avec « L'Albatros » ou « Le Cygne », des poèmes qui s'imposent dès leur première lecture comme des arts poétiques du projet baudelairien ou des sections dans lesquelles ces poèmes se situent. Baudelaire ne réfute pas ces allégories toutes faites puisqu'il sait le lecteur attentif à elles et qu'il pourra du coup y déployer sa propre démarche symboliste.

Art

Baudelaire a recherché la modernité en poésie mais il l'a également interrogée dans les autres arts (par exemple dans sa critique picturale, musicale ou ses écrits théoriques). Dans *Les Fleurs du mal,* la plupart des beaux-arts (musique, peinture, sculpture, architecture) sont évoqués. Baudelaire rend souvent hommage à ses maîtres (dans le poème « Les Phares » il liste les peintres anciens ou modernes qui l'ont inspiré : Rubens, Vinci, Rembrandt, Michel-Ange, Watteau, Goya et surtout Delacroix). D'autres poèmes sont même directement dédiés à des artistes, comme « Le Masque » et « Danse macabre » qui sont dédicacés au sculpteur Ernest Christophe.

En dehors de ces allusions, le véritable enjeu est d'ordre poétique : il s'agit de mesurer combien la poésie peut prendre en charge la représentation du monde en la confrontant aux autres arts et à leur moyen propre. Ainsi le poème « Un Fantôme » est constitué de quatre sonnets comme quatre coins d'un « cadre » pour y accrocher un « Portrait » (titres des deux derniers sonnets composant ce poème). Baudelaire reprend la tradition poétique de l'ekphrasis (terme grec qui signifie « description ») : le poème décrit un objet d'art pour démontrer les qualités évocatoires de la poésie et la puissance de la langue à « faire voir » le monde. Par exemple le poème « Une Martyre » a pour sous-titre « Dessin d'un maître inconnu ».

La référence à l'art est donc le support d'une réflexion métapoétique. Par le truchement d'un art différent, Baudelaire élucide le fonctionnement de sa propre pratique poétique. Par exemple dans le poème « La Musique », le poète interroge la musicalité de la langue poétique pour dégager les points communs qu'elle entretient toujours avec cet art mais aussi les différences qui l'en distinguent et la particularisent. La thématique de l'art rejoint donc un thème cher à Baudelaire, l'artifice. En effet, contrairement à la tradition romantique qui voit dans la nature une forme d'idéal, Baudelaire valorise par-dessus tout ce qui est artificiel, construit, composé. Ainsi, il met en valeur les objets d'art, voire même les objets d'artisanats (l'horloge ou le flacon) pour montrer la main de l'homme à l'œuvre.

Femmes

Il faut absolument éviter l'écueil de la lecture biographique des *Fleurs du mal*. En effet, bien que Baudelaire se soit inspiré d'épisodes personnels (en particulier sa relation tumultueuse avec Jeanne Duval) pour écrire son recueil, sa poésie dépasse le simple cadre d'une vie individuelle pour décrire une expérience universelle. Le mouvement de l'œuvre va donc du particulier au général et se pose la question suivante : comment ce que j'ai vécu peut-il servir comme enseignement à l'humanité ? Pour cette raison on trouve comme dédicace au poème « L'Héautontimorouménos » « à J. G. F. » dans laquelle certains critiques ont voulu lire « à Jeanne Gentille Femme ». Il n'empêche, Baudelaire se refuse à nommer sa muse et les autres poèmes galants n'évoquent pas cette figure spécifiquement mais semblent mêler bien d'autres personnages féminins.

La présence de la femme n'est pas inattendue dans un recueil de poésie. La tradition pétrarquiste depuis la Renaissance a codifié la représentation de la dame qui sert d'inspiration à l'écriture (qu'on a alors appelé sur le modèle antique une « muse »). Chanter la beauté de la femme aimée, pour la séduire, c'était à la fois parler de son état d'âme et chanter la beauté du monde. La figure féminine a conféré à la poésie des thèmes et des motifs. La poésie, qui idéalise l'amour, se sert de cette forme particulière, sensible et sensuelle du rapport au monde, pour évoquer un désir d'élévation de l'âme.

Cette tradition est encore partiellement à l'œuvre dans *Les Fleurs du mal* mais pour mieux montrer combien cette forme est vieillissante, sclérosée parce que devenue un cliché (c'est le cas dans le poème « La Beauté » où la femme parfaite s'est statufiée). Chez Baudelaire, comme toujours, c'est par l'inversion de la tradition qu'il remotive l'image poétique. Les femmes sont devenues cruelles, des muses implacables, dédaigneuses, laides, maladives ou morbides. Elles portent le mal auprès d'un poète masochiste qui se complait dans sa propre humiliation. Baudelaire met en lumière une conception chrétienne sous-jacente (les femmes sont filles d'Ève et portent le péché originel ; il n'est pas étonnant qu'elles soient maléfiques). « À une mendiante rousse » résume parfaitement cet état d'âme puisque la figure de la mendiante renvoie à la lie de la société et sa rousseur à la figure de Judas Iscariote. De façon analogue, le recueil dépeint plusieurs femmes noires ou saphiques, bien des motifs qui troublent la représentation féminine traditionnelle.

Lyrisme et mélancolie

Les Fleurs du mal est un recueil lyrique. En effet, les poèmes sont dans leur très large majorité l'expression des sentiments personnels d'un Je (qu'on appelle alors « Je lyrique » car ce n'est pas l'homme Baudelaire qui parle, mais une voix créée par l'écriture qui s'exprime et qu'on entend). Baudelaire s'inscrit dans le mouvement romantique qui a beaucoup pratiqué le lyrisme (Chateaubriand, Vigny, Lamartine, Musset, Hugo). Dans la gamme des sentiments, l'un prédomine : la mélancolie. Les poètes romantiques se mettent en scène frappés par « le mal du siècle » (Musset, *La Confession d'un enfant du siècle*, 1836) : ce sentiment d'être né trop tôt ou trop tard et de passer à côté de sa vie conduit à rêver d'un passé idéalisé et glorieux et de se morfondre d'un avenir morne, bourgeois, moderne. Le lyrisme baudelairien reprend en partie cette thématique ; on retrouve un poète mélancolique, en proie à une angoisse existentielle sans qu'aucune cause manifeste justifie un tel état. Cela explique que nombreux sont les poèmes qui ont recours à la première personne, c'est la marque d'un Je lyrique qui se cherche, qui cherche enfin à se saisir dans un mouvement réflexif ou rétrospectif.

Baudelaire infléchit la mélancolie romantique, puisqu'il l'appelle de préférence « spleen » et parfois « ennui ». Elle semble moins intense mais plus diffuse et de fait plus insidieuse car elle informe un rapport au monde, jusqu'à ce « goût du néant ». Néanmoins, Le spleen semble être la forme poétisée de cette mélancolie (par le décalage linguistique et la référence à la théorie des humeurs) : Baudelaire met en forme pour l'interroger et la dépasser sa propre angoisse. La poésie se fait alors médecine de l'âme.

Nature

Le XVIIIe siècle a réhabilité la nature en en faisant un lieu vierge de la civilisation, de la modernité et donc des excès de l'humanité (Rousseau parlera ainsi de l'état de nature comme d'un état utopique). Les Romantiques ont repris cette conception de la nature ; leur art peint ainsi régulièrement l'homme seul dans la nature[1]. Cette dernière devient alors la confidente de leur état d'âme, souvent la dépositrice de leur mélancolie dont elle devient le miroir (selon le motif du « paysage état d'âme »).

C'est loin d'être le cas chez Baudelaire : par exemple dans le poème « Obsession » le poète hurle à la nature sa détestation. En effet, la nature n'est plus un lieu de recueillement mais le lieu de forces chaotiques, incontrôlables, non maîtrisées. On lui préfèrera la civilisation, aussi corruptrice soit-elle. Baudelaire préfère l'artifice à la naturalité car il a conscience que la nature est un fantasme romantique, que l'homme ne fait qu'y projeter son intériorité de sorte qu'elle n'est pas plus vierge ou plus pure que la ville.

À côté de cette mythologie de la nature qu'il honnit, Baudelaire met en valeur la Nature, entendue dans un sens plus large de relation de l'homme au monde. Selon le poète, cette Nature est « un temple » ce qui signifie bien qu'elle est une construction de l'intelligence et de la spiritualité et qu'elle n'est donc pas affaire d'« arbres » mais de « symboles » (le poème « Correspondances » théorise dès le début des *Fleurs du mal* cette nouvelle acception de la Nature). La seule nature (dans le sens traditionnel) qui demeure dans le poème est réduite à une représentation : il y a des paysages, des fleurs, des animaux mais ce ne sont que des motifs, des ornements, comme ils pourraient l'être sur un papier peint.

Morale et religion

La morale baudelairienne est relativement complexe. En effet, le recueil a été condamné pour « immoralité » en 1857. Or Baudelaire s'est plaint que le verdict ignorait que le livre devait être lu dans son ensemble pour qu'il en ressorte « une terrible moralité ». Par ailleurs, il écrit à sa mère qu'il n'a « jamais considéré la littérature et les arts que comme poursuivant un but étranger à la morale ».

1. Voir par exemple le célèbre tableau *Le Voyageur contemplant une mer de nuages* de Caspar David Friedrich.

Puisqu'il n'est pas possible de se satisfaire de cette duplicité, il faut s'interroger : quels liens véritables unissent alors art et morale selon Baudelaire ?

On retrouve bien cette articulation dans de nombreux poèmes. Cependant, le poète pose comme premier axiome l'autonomie de la morale et de l'art. Il ne s'agit pas que d'une posture en vue de se protéger mais bien d'une véritable éthique d'artiste. C'est pourquoi les fleurs, objets esthétiques, peuvent s'articuler au mal, l'un des deux principes qui structurent le spectre de la moralité. Selon Baudelaire, l'art ne peut être jugé que selon des principes esthétiques et toute grille de lecture morale doit être exclue (on ne se demande pas « c'est bien ? » mais « c'est beau ? »). L'autonomie ne signifie pas pour autant que la poésie ne met pas en œuvre des principes moraux. C'est pourquoi *Les Fleurs du mal* ne renient jamais la morale mais en font un objet de beauté en la représentant.

De surcroît, la morale est articulée à la religion, à savoir chez Baudelaire au catholicisme. Les motifs de la Bible, parmi lesquels la chute et le péché ont la première place, informent l'œuvre. Le recueil dessine alors la voie de la tentation, des tentations qui sont nombreuses (femmes, ivresse, suicide). L'issue de cet itinéraire spirituel n'est pas un enjeu puisqu'on peut lire à la fin de l'œuvre « Enfer ou Ciel, qu'importe ? »

Paris

Baudelaire est célèbre pour avoir introduit la ville comme objet poétique et c'est Paris qui cristallise cet univers urbain. Baudelaire s'inscrit dans le topos de la ville corruptrice mais à son égard il témoigne d'une certaine ambivalence puisqu'est manifesté un désir de la fuir vers un ailleurs fantasmé (l'exotisme s'oppose radicalement à la grisaille parisienne) et que le poète semble se complaire dans ce cloaque infâme où les valeurs se perdent. La ville, en plein bouleversement, se décompose et Baudelaire décrit ce mouvement de lent pourrissement. En même temps, il cherche à trouver une forme pour cette modernité à la saisir pour la fixer (« Le Cygne »).

De plus, cette ville n'est pas vide ! Elle est en effet peuplée de nombreux habitants, monstres dont Baudelaire dresse avec complaisance l'affreux portrait au sein d'une véritable tératologie[1]. On voit de Paris les bas-fonds, la lie de la société. Quel regard Baudelaire jette-t-il sur cette couche populaire souvent délaissée par la poésie ? Il ne faudrait pas faire de contre-sens, Baudelaire n'est pas Hugo : son propos n'est pas de réhabiliter ce petit peuple. Il le peint avec mépris et cherche à stigmatiser ses défauts physiques et moraux, non dans le but d'apitoyer le lecteur, ni de l'idéaliser selon une perspective sociale et politique. Il n'est que le physiologue de la monstruosité. Le poète se vêt d'un éthos aristocratique pour traverser cet espace social qu'il regarde avec dédain. Toutefois, sans appartenir à ce milieu, le poète ne s'en délecte pas moins car il y trouve de nombreux sujets pour peupler son recueil.

Paris est donc la paradoxale nouvelle inspiration du poète alors qu'elle est l'emblème d'une modernité honnie. La ville est la matière première qu'il convertit en objet poétique. Ainsi il écrit dans « Les Petites Vieilles » : « Dans les plis sinueux des vieilles capitales, / Où tout, même l'horreur, tourne aux enchantements ».

Les formes et les figures majeures de l'œuvre

Sonnet

Le sonnet est une invention de la Renaissance italienne ; ainsi le poète florentin du XIVe siècle Pétrarque en était un éminent ambassadeur. Avec l'essor et la diffusion de l'art italien, le sonnet se retrouve dans toutes les langues, et chez les plus grands poètes de cette première modernité : Shakespeare, Ronsard, de la Vega, Du Bellay. C'est une forme extrêmement codifiée, brève puisque ne comportant que quatorze vers de même longueur, dont le cœur est l'opposition, le renversement de thème ou de tonalité. Cette opposition s'appelle la « volte » (de *volta*, « tour » en italien). On la trouve traditionnellement entre deux quatrains de rimes embrassées (les mêmes sur les deux premières strophes) et un sizain

1. C'est la science qui étudie les monstres, les difformités et autres anomalies physiologiques.

(souvent édité sous la forme de deux tercets pour l'œil, or le schéma rimique permet bien d'identifier un sizain) : par exemple l'« Un éclair » du célèbre sonnet « À une passante ». Mais il existe différentes variantes du sonnet. Ainsi chez Shakespeare la volte n'avait lieu qu'avec les deux derniers vers du poème et on parle alors plus volontiers de « chute ».

Forme nouvelle à la Renaissance, elle a pris l'image d'une forme ampoulée et contraignante au fil du XVIIe siècle et n'est plus en vogue au XVIIIe siècle. Ce sont les Romantiques qui, en allant chercher dans une large panoplie de formes fixes, vont réhabiliter le vieux sonnet et le dépoussiérer. Plus question de rigueur, les quatorze vers d'un même mètre et la volte, souvent réduite à une posture, un exercice de style, une farce pour le lecteur, une surprise dans le renversement, sont les seuls éléments qu'on identifie encore. Pas surprenant donc que Baudelaire goûte cette forme dans sa poétique du renversement. Le sonnet en est la forme fixe. On a bien par le choix de cette forme une tension entre un passé poétique, une tradition, et la mise en scène d'une voix qui se cherche et qui se faisant exhibe son artificialité. C'est le dernier renversement baudelairien : l'inversion finale n'est plus celle entre l'objet réel et la poésie qui le chante, puisque la poésie finit, à force de mettre en scène ses modalités d'existence, par n'être plus que son propre objet. Cinq des six derniers poèmes du recueil, dans la section « La Mort », sont des sonnets, comme si le confort de la mort s'apparentait au confort d'une forme moins connue que reconnue.

Blason

Le blason est également un emprunt à la Renaissance. Pour chanter l'être aimé, et notamment la Dame des poètes (même si l'inverse existe déjà, par exemple chez Louise Labé), on fait l'éloge de sa beauté, on glorifie le corps de cet être si cher. La manière privilégiée pour le faire est alors de décomposer le corps, souvent absent (car on chante surtout l'absence, le corps désiré de la muse absente étant alors recomposée par la parole et le chant) : le blason est un poème consacré à une partie du corps. Il y a alors un éventail des possibles assez large mais les parties favorites des poètes semblent être les yeux, les cheveux et les seins. On retrouve de tels blasons chez Baudelaire, même pour des femmes repoussantes ou indignes d'un tel amour.

Élégie

L'élégie est cette fois-ci une forme empruntée à la poésie antique : *elegos* en grec veut dire « la plainte ». C'est une complainte, un poème de la mélancolie où s'exprime avec ardeur le lyrisme du poète. Il évoque un être perdu, un lieu disparu, une époque révolue. Le thème du spleen invite nécessairement le poète à avoir recours à de nombreux moments à la forme élégiaque. C'est un épanchement, souvent avec un sentiment de débordement : le trop-plein se fait sentir et pousse le poète hors de lui. Ainsi, l'élégie qui se veut, par lyrisme, être un regard intérieur, tourné vers soi, visant à rompre la chaîne mélancolique par le pouvoir de la parole (qui recrée le lien rompu que la nostalgie recherche désespérément), se mue, par inversion comme toujours chez Baudelaire, en une force capable de pousser le poète hors de lui (pour mieux scruter son âme, lancer son regard sur la foule parisienne, scruter l'horizon pour y déceler les traces d'un ailleurs meilleur).

Pantoum

Bien que peu usité dans le recueil, forme rare et méconnue, le pantoum et sa présence dans *Les Fleurs du mal* prouvent que Baudelaire a une parfaite connaissance des formes qui ont précédé sa poésie qu'il accueille au sein de son œuvre. Le pantoum est une forme de la répétition qui reprend le deuxième et le quatrième vers de chaque strophe pour en faire le premier et le troisième de la strophe suivante et ainsi de suite. « Harmonie du soir » est ainsi un pantoum. Mais c'est une forme à l'image d'un recueil où la rengaine et le refrain ont la part belle (on pense au célèbre refrain de « L'Invitation au voyage » par exemple). Mimétique du ressassement mélancolique, mimétique d'un monde qui se meurt en ignorant que se ressourcer c'est aussi parfois répéter, le refrain est une modalité du chant prisée par Baudelaire. On y devine moins le jeu poétique que le plaisir du retour, par des figures de construction comme la répétition ou l'anaphore, et par des figures de sonorités comme l'assonance (répétition d'un son vocalique) ou l'allitération (répétition d'un son consonantique).

Prosopopée

La voix du poète domine clairement le recueil et bien des poèmes sont à forte tonalité lyrique, avec de nombreuses anaphores du pronom personnel de la première personne, « Je ». Cependant Baudelaire laisse parfois la parole à des objets du monde ou à des idées (la beauté, la pipe, l'horloge, l'âme du vin). Or il ne s'agit pas de mettre en place un dialogue, qui sont rares dans le recueil (« Le Masque »), mais bien de déléguer tout à fait le discours à un être inanimé. La poésie l'anime, lui donne une voix qui ne peut que lui être propre, et laisse résonner ce propos forcément nouveau et novateur. D'abord parole des morts revenus pour damner les vivants ou faire des présages, la prosopopée est devenue la figure de rhétorique de la parole déléguée aux objets du monde qui n'en ont pas. Baudelaire s'inscrit donc dans cette optique pour entendre et écouter ce que le monde peut avoir à dire. C'est aussi une manière de remotiver des discours sclérosés.

Allégorie

C'est une figure de style particulièrement poétique puisqu'il s'agit de créer une image en représentant une idée abstraite par une forme concrète. Pendant longtemps, le terme était réservé aux incarnations humaines des idées abstraites et n'étaient allégoriques que des personnes avant que n'y soient admis des animaux puis des objets. Il y a donc plusieurs effets à l'œuvre : des effets de personnification, d'animalisation ou de réification d'une part, mais aussi de la métaphore visuelle ou des comparaisons. Notons à ce sujet que Baudelaire a énormément recours à la comparaison qui a souvent mauvaise presse par rapport à la métaphore. Mais l'imaginaire de Baudelaire n'est pas celui de l'évocation mais celui de la mise en relation, des correspondances, des renversements. La comparaison allégorique est donc propice à sa démarche.

Versification

Baudelaire fait appel aux vers classiques : l'alexandrin, le décasyllabe et l'octosyllabe sont presque exclusivement utilisés. Dans un même poème, Baudelaire varie peu et n'a donc recours à l'hétérométrie que pour créer des effets de rythmes ; mais là encore la manière dont s'agencent les vers suit un schéma très strict (« La Musique », « Le Beau Navire »). Il y a peu de vers impairs, comme il y a peu de strophes avec un nombre impair de vers. Les strophes sont également souvent des formes fixes : distique, tercet, quatrain. Enfin, au sein du vers, si Baudelaire s'amuse de quelques effets de coupe, il respecte toutes les règles de prosodie (règles du *e* caduc, diérèse et synérèse) pour obtenir le nombre attendu de syllabes. On pourrait presque voir, à ce niveau-là, Baudelaire comme un classique. S'il ne respecte pas toujours l'alternance entre les rimes féminines (avec un *e* caduc) et les rimes masculines (toutes les autres), on remarque qu'il fait parfois cas de cette ancienne règle. Ce n'est donc pas par la versification que Baudelaire se distingue ou fait œuvre d'audace. Certes, dans la tradition classique, un recueil était composé entièrement d'une seule forme fixe (par exemple un recueil d'*Odes*, comme chez Ronsard) ; mais ce n'était clairement plus la norme au moment de la composition des *Fleurs du mal*. Au désordre du monde, le poète impose l'ordre poétique. C'est une manière de donner forme à l'informe et d'en montrer la beauté. Les normes de la versification relèvent, dans leur absolue et leur répétition, d'un universel : « Parce que la forme est contraignante, l'idée jaillit plus intense[1]. »

1. Lettre à Armand Fraisse (18 ou 19 février 1860) où Baudelaire défend le sonnet.

À retenir en vue de l'examen

Quelques poèmes commentés

L'Albatros

Deuxième poème du recueil à partir de l'édition de 1861, « L'Albatros » fait partie des plus célèbres poèmes des *Fleurs du mal* parce qu'il peut être lu à la fois comme un art poétique et comme un portrait de l'artiste. Ces deux éléments sont en effet liés : de l'image que le poète donne de lui-même à travers la métaphore ailée se déduit une vision de la poésie. Le poème se présente comme une fable animalière : il s'ouvre sur un récit développé sur trois quatrains suivis d'un dernier quatrain qui contient une sorte de morale (le verbe être conjugué au présent de vérité générale qui transforme l'allégorie en comparaison). « Le Poète est semblable » à l'albatros, désigné par la périphrase « prince des nuées ». Le recueil tout entier se situe ainsi entre le monde terrestre, où l'oiseau est « comique et laid », clopinant à défaut de marcher à cause de ses longues ailes, ridiculisé et tourmenté par les marins, et le monde céleste, l'azur poétique, où l'oiseau est gracieux et libre. Cette opposition illustre celle du titre de la première section du recueil, « Spleen et Idéal » : le poète, mélancolique quant à l'humaine condition terrestre, se projette dans un idéal auquel, par la langue, la poésie seule peut prétendre ; c'est peut-être pourquoi, contre l'injustice du monde, le poète oppose l'ordre de la poésie comme le souligne la parfaite régularité formelle du poème formé de seize alexandrins répartis en quatre quatrains.

Correspondances

Véritable art poétique, le quatrième poème des *Fleurs du mal* sert souvent à illustrer le symbolisme. La synesthésie, maladie du dérèglement des sens, est mise à l'œuvre par le poème : le vers « Les parfums, les couleurs et les sons se répondent », placé en position centrale dans le sonnet, sert de grille de lecture au poème tout entier. Les « parfums » et les « couleurs » se déploient en de riches réseaux lexicaux au sein desquels les associations et les comparaisons sont surprenantes. Les « sons », auxquels un vocabulaire musical fait « écho », ce sont aussi ceux de la langue elle-même, par les rimes, les assonances et les allitérations (« parfums frais comme des chairs d'enfants »). De ce monde sens dessus dessous, le poète dégage des symboles : derrière la langue, il y a un nouveau rapport au monde marqué par un nouvel enchantement du réel. Il ne s'agit pas seulement d'élaborer un rapport entre la chose et le mot qui la désigne, que le poète s'amuserait à revitaliser, mais d'une volonté de créer un symbole qui réunirait directement l'image poétique et l'idée abstraite qu'elle est censée représenter et incarner par la langue. Ainsi s'explique le premier quatrain, programmatique, où la rime entre « paroles » et « symboles » éclaire la poétique baudelairienne.

La Chevelure

Suivant « Parfum exotique », qui préfigure déjà le goût pour l'ailleurs dans le recueil, – ailleurs lointain, rêvé et fantasmé, – « La Chevelure » tisse, à l'image de l'objet que le poème décrit, un lien entre le blason féminin et le programme symboliste. Reprenant une forme traditionnelle de la Renaissance, Baudelaire ne fait donc pas œuvre de modernité quant à la manière de chanter la femme aimée. Cependant, il voit là l'occasion de montrer comment la chevelure de la femme est moins l'excuse d'une déclaration d'amour que l'avènement d'une poésie nouvelle où s'active encore la synesthésie. La couleur noire des cheveux, les odeurs qui s'en dégagent, leur ondulation comme des vagues, sont l'occasion d'un voyage par les sens jusqu'aux plus lointains paysages. La chevelure ainsi chantée par le poète est l'occasion, pour la langue, de dessiner les contours d'un nouveau monde.

Le Flambeau vivant

Nouveau blason féminin, « Le Flambeau vivant » décrit les yeux de la muse, érigés en réelle incarnation de l'amour (« vivant », majuscule à « Yeux », personnification dans le premier vers). Toutefois, il n'est pas possible de réduire ce sonnet à un blason traditionnel dans lequel les yeux servent, par métonymie, à chanter la femme aimée. Il y a des enjeux plus graves et plus profonds dans le poème : le champ sémantique de la religion (« Ange », « péché grave », « clarté mystique », « cierges ») insiste sur l'aspect métaphysique du poème. Derrière le feu promis dans le titre, qui se dégage du vif regard de la muse, c'est toute une philosophie de la vérité que l'on devine. Chez Platon déjà, l'allégorie de la Caverne montre la condition de l'homme comme un noir enfermement, des illusions faites d'ombres, contre la lumière de la vérité. Ainsi, par le regard flamboyant de la femme aux yeux « pleins de lumière », le poète ne se propose pas d'y déceler l'amour entre deux êtres, mais entre le poète et le Beau, forme sensible de la vérité : « ils conduisent mes pas dans la route du Beau ».

L'Invitation au voyage

Après « Le Beau Navire », objet nécessaire au voyage lointain, le poète s'adresse directement à la femme aimée appelée affectueusement « mon enfant » et « ma sœur » pour la convier à se joindre à lui dans ce voyage poétique. Mais les apostrophes du premier vers sont un signe d'un dysfonctionnement dans le poème car l'amour paternel ou sororal ne peut tout à fait recouvrir l'amour sensuel et charnel pourtant promis dans le célèbre refrain par le mot « volupté ». Il s'agit donc de fuite dans un monde idéal et utopique, caractérisé par l'ordre, la beauté, le luxe, le calme et la volupté. L'association des termes peut surprendre, tant certains ne renvoient pas nécessairement à ce qu'il est communément admis dans l'utopie des poètes. L'oxymore « soleils mouillés » insiste d'ailleurs bien sur ce monde imparfait, où il s'agit moins de visiter et voir le monde que d'y « dormir ». Tout le décalage entre le poète et la tradition se fait alors sentir, quand il reprend des thèmes fameux de la poésie pour les dévoyer et les pervertir, plutôt que de s'y opposer directement. Ainsi, ni tout à fait poème amoureux, ni tout à fait voyage poétique (il n'est question que d'une « invitation » pour le moment), seule reste cette rengaine qui espère, par la parole, faire advenir un nouvel idéal.

La Musique

Baudelaire n'a pas oublié l'origine orale et chantée de la poésie. Si les beaux-arts en général ont leur place dans l'œuvre, comme la peinture et la sculpture, la musique a un statut particulier car elle a une origine commune avec la poésie. Mais à partir de la comparaison du premier vers qui associe la mer à la musique, le poète semble préférer l'évocation à la démonstration. Le poème est donc à lire comme une énigme dans laquelle chaque élément marin explique une manière de concevoir la musique : il est donc question de rythme dans le poème et c'est ainsi que se comprend l'alternance entre les alexandrins et les vers de 5 syllabes (un nombre impair, ce qui dérange l'oreille habituée aux vers pairs). Les quatrains laissent place au tercet (c'est un sonnet) laissant de plus en plus de place aux vers impairs. En imitant par là le flux et le reflux des vagues, le poète rappelle que la poésie n'est pas qu'une langue qui déchiffre le monde mais bien d'abord une langue qui le fait résonner.

Spleen (« Quand le ciel bas et lourd… »)

Quatrième poème consécutif à porter le titre « Spleen », mot programme dans la première section du recueil « Spleen et Idéal », le poème qui s'ouvre sur le vers fameux « Quand le ciel bas et lourd pèse comme un couvercle », met au jour la mélancolie profonde du poète : « l'Espoir / Vaincu, pleure » ! Le « cercle » du premier quatrain symbolise l'enfermement tragique de l'esprit empreint de mélancolie ; les « longs ennuis » affadissent l'esprit et le jettent aux proies aux pensées les plus macabres comme le montrent les images saisissantes d'un univers sombre. Dans ce paysage morbide digne des romans gothiques, un combat oppose l'Espérance à l'Angoisse. C'est cette dernière qui l'emporte, expliquant pourquoi l'humaine condition devient aux yeux de Baudelaire une atrocité sans nom, « sans tambours ni musique », avec pour seul bruit le « hurlement » et les gémissements. C'est le paroxysme de la mélancolie dans le recueil, celui après quoi il ne semble plus y avoir de sursaut possible comme le montrent les poèmes suivants, « Obsession » ou « Le Goût du néant » où on peut lire « Morne esprit, autrefois amoureux de la lutte » et « Résigne-toi, mon cœur ».

L'Horloge

Dernier poème de la section « Spleen et Idéal », le poème s'apparente à un sursaut. Ce poème est un *memento mori* (« souviens-toi que tu vas mourir » en latin) ; c'est une tradition poétique, particulièrement en vogue à la Renaissance où il s'agissait surtout de séduire une jeune femme en l'incitant à profiter de l'instant présent. Le poète personnifie l'objet incarnant le temps, l'horloge, en la désignant comme un « dieu sinistre », car en maître du temps il règne sur nos vies et nos destins ; l'aiguille dans ce schéma allégorique devient un « doigt » qui « nous menace ». Après ces deux vers qui mettent en place la situation d'énonciation, l'ensemble du poème est une longue prosopopée où retentit la sinistre voix de l'objet inanimé, au « gosier de métal », que le poète fait parler pour mieux déléguer ce cri, cet appel, à retrouver goût à la vie. Passer à côté est un danger car notre mortalité induit un temps infiniment court sur cette Terre ; le risque de ne pas voir combien le temps est précieux, c'est le risque d'un gâchis : « les minutes [...] sont des gangues / Qu'il ne faut pas lâcher sans en extraire l'or ! » Après ce poème, la section « Tableaux parisiens » correspond à une volonté de retourner au réel.

Paysage

Premier poème de la section « Tableaux parisiens », le poème « Paysage » sert de grille de lecture à cette section. On n'y voit pas tout à fait Paris encore, mais plutôt la posture du poète. Il a une position surplombante sur la ville dont il voit d'abord les toits. Sa position supérieure traduit bien la conception sociale que Baudelaire se fait du poète : être à part dont le regard est une plongée dans la ville comme dans l'âme humaine et un moyen d'accès à l'Idéal. Le poème joue également sur l'horizon d'attente du lecteur : la poésie a un rapport privilégié à la nature et le titre du poème « Paysage » laissait sous-entendre une description bucolique, ou une « Idylle » que le poète daigne faire seulement pour la qualifier d'« enfantin ». Les arbres ont laissé place aux « tuyaux » et c'est au contraire un paysage urbain auquel est convié le lecteur. Quitte à faire face au réel après les désespoirs de « Spleen et Idéal », autant qu'il soit celui contemporain des habitants de Paris, nouvel objet poétique, signe d'une esthétique abâtardie par les progrès industriels de l'humanité. C'est ainsi que le « Printemps » laisse place à la fin du poème à une « tiède atmosphère » qui s'oppose par antithèse aux « pensers brûlants ».

Le Cygne

Plus célèbre poème de la section « Tableaux parisiens », « Le Cygne » convoque un nouvel oiseau pour évoquer le poète. L'albatros, « naguère si beau », était déjà ridicule quand il devait se poser sur le sol. Mais il s'agissait d'un univers nautique particulier, allégorisé à la manière d'une fable. Rien de tout cela n'est désormais présent, car le cygne, symbole de blancheur, de pureté et de grâce (très prisé au XIXe siècle, on le retrouve chez Vigny, Andersen, Mallarmé ou Tchaïkovski) est abandonné dans la grisaille du Paris industriel, « camp de baraques » fait de « chapiteaux ébauchés », de « gros blocs » et de « bric-à-brac ». Mourant de soif dans un monde qui a nié la nature, le cygne est un « malheureux », la trace d'un monde ancien qu'on tue à petit feu : « Paris change ! » est un cri de colère car non seulement il ne fait plus la part belle à la beauté (comme c'était le cas du « beau lac natal » du cygne) mais ce changement, social et politique avant d'être esthétique, ne permet pas au poète de sortir de sa condition : « rien dans ma mélancolie / N'a bougé ! » On voit alors revenir d'entre les morts de nombreux noms de l'Antiquité : Andromaque, Ovide, Pyrrhus, Hector, Hélénius qui se joignent au Victor Hugo de la dédicace et au « vieux Paris » qui « n'est plus » dans une longue procession funèbre comme si leur évocation suffirait à conjurer le sort d'un progrès décadent.

La Destruction

Premier poème de la quatrième section éponyme du recueil (« Fleurs du mal »), « La Destruction » marque le moment où le recueil bascule définitivement vers « le mal » du titre. Le renversement entre l'Idéal céleste et celui des « profondeurs » est désormais effectif et c'est le « Démon » (premier vers) qui l'emporte, conduisant le poète « loin du regard de Dieu » (vers à la volte). Le poète est un nouveau prophète mais tandis que le Christ a résisté à la tentation du Démon, Baudelaire devient le poète maudit que ses détracteurs ont décelé en lui pour le discréditer. Pourtant, ce n'est pas sans un combat moral que le diable l'emporte : il y a bien une « brûlure », de la « culpabilité » et la reconnaissance de « spécieux prétextes », le Démon sachant jouer des faiblesses du poète pour « l'Art » et les « femmes ». Il n'est pas encore temps de mettre fin au périple de l'âme humaine, « au milieu / Des plaines de l'Ennui », puisque la Destruction à laquelle le Démon invite le poète rime encore avec « confusion ». Mais une étape essentielle dans le recueil est franchie.

La Fin de la journée

Si *Les Fleurs du mal* se terminent sur un dernier « rêve » et un dernier « voyage », c'est peut-être bien « La Fin de la journée » qui, dans son âpre sécheresse, fait le mieux sentir l'idée de finitude, appuyée aussi bien par le titre du poème que par l'adverbe « Enfin ! » mis à la rime. Petit sonnet d'octosyllabes, le poème s'amuse à n'avancer que par détours et euphémismes (le repos symbolisant la mort) : par exemple, le verbe « courir », dont la vie est le sujet, se conjugue sous la forme « Court » pour revaloriser le *memento mori* de « L'Horloge » et le substantif « faim » joue sur l'homophonie avec « fin ». C'est un dernier pied de nez à la mort, qui n'a plus rien de terrifiant : au contraire, c'est apaisé que le poète voit monter la nuit, les « songes funèbres » du cœur vont laisser place au repos du corps. Les « rafraîchissantes ténèbres » peuvent désormais envelopper dans ses « rideaux » le corps meurtri (« vertèbres ») et fatigué du poète. Quelle forme prendront ces ténèbres qui le délivrent alors ? Si vous souhaitez le savoir, il reste « Le Rêve du curieux » (avant-dernier poème) et enfin « Le Voyage » (dernier poème), qui se clôt sur le mot, en italique, « *nouveau !* »

Pistes pour le commentaire : « Une Charogne »

Baudelaire, auteur des *Fleurs du mal,* condamné en 1857 pour « outrage à la morale publique » avait un objectif novateur : atteindre la beauté poétique même par le biais du mal, comme suggère le titre. C'est le projet du poème « Une Charogne » (dans la première section du recueil, intitulée « Spleen et Idéal ») : ce poème se situe après une série de pièces dans lesquelles il est essentiellement question de la femme.

On peut lire ce poème comme un *carpe diem* (« Cueille le jour » en latin, formule d'Horace dans les *Odes* qui défend une philosophie du temps présent où il faut jouir des plaisirs quotidiens) : en effet, c'est un propos particulièrement en vogue à la Renaissance où il s'agissait surtout de séduire une jeune femme en l'incitant à profiter de l'instant présent. De manière ludique autant que polémique, Baudelaire réécrit les célèbres poèmes de la Renaissance qui appelait à l'amour au nom de l'aspect éphémère de la jeunesse. Il déconstruit le topos poétique en dénonçant son hypocrisie, rappelant les arrière-pensées des poètes « lubriques ». C'est le cas par exemple du « Mignonne, allons voir si la rose... » de Ronsard où la fleur est la métaphore du sexe féminin qui n'a pas encore été défloré.

Caractérisons le texte : douze quatrains, rimes croisées, rupture dans la versification avec alternance entre alexandrins et octosyllabes. Il y a bien un rapport à la poésie ancienne même dans la « modernité » chère à Baudelaire puisqu'aussi bien dans la forme que dans le contenu il y a des échos avec la tradition qui contraste avec la surprise saisissante de la figure immonde éponyme.

Comment le poète interroge-t-il la modernité poétique en renouvelant la tradition du *carpe diem* ?

I. Un *carpe diem* moderne

Il faut montrer, quand on reprend un thème, un motif, un topos ancien, qu'il y a des échos avec cette forme ancienne avant de mettre au jour ce qui est moderne, et donc nouveau, dans la démarche du poète.

1. Il faut commencer par ce qu'il y a de plus simple, à savoir ici le cadre idyllique et bucolique qui est repris à la tradition pétrarquiste. La charogne est située parmi les fleurs, c'est une nouvelle fleur du mal.
2. Si c'est un poème d'amour, il faut aussi le montrer, en insistant sur la manière dont il est adressé à l'être aimé (les périphrases amoureuses, les adresses « vous »).
3. Le poème développe à la fin une morale, comme si c'était une fable où le récit de la promenade amoureuse servait à illustrer cette philosophie du temps présent défendue par le poème.

II. Une nouvelle poétique de l'horrible

Après avoir évoqué la modernité du poète, il faut interroger tous les changements que le poète a effectués. Les spécificités de son esthétique doivent être expliquées pour montrer qu'elles ont une portée symbolique.

1. Le poème est emblématique de la démarche du recueil, et sa popularité illustre combien on a pu y lire toute l'esthétique baudelairienne ; la charogne et les images horribles (comparaisons…) illustrent un goût de la provocation chère au poète romantique.

2. La beauté peut naître de la mort, du sale, du laid (paradoxe) : par la forme belle de la poésie (d'où la tradition formelle mais aussi les écarts avec elle), tout objet du monde, aussi répugnant soit-il, peut s'élever au rang du symbole.
3. On notera que même l'amour est affecté par cette démarche qui déconstruit les habitudes poétiques, les attitudes et les postures. En cela, le poète se fait cynique, celui qui révèle la vérité et ne fait aucun cas du monde autour : on peut en effet lire le poème de l'amour en poésie « lubrique », salace et grivoise.

III. Une théologie négative

Seulement, ces inversions ne sont pas à prendre à la légère car si la charogne devient objet poétique, l'élévation promise par la langue des dieux (selon la tradition), s'inverse à son tour en une chute, une manière de creuser la Terre et de s'y enfoncer.

1. C'est pourquoi le poème met en scène l'artiste au travail : toute la strophe 8, au milieu du poème, provoque une bascule entre le monde décrit et l'acte de le décrire ; le vocabulaire de l'art en général insiste sur cette nouvelle manière d'aborder le monde, où le geste même de l'artiste remplace en importance ce qui est représenté par l'art.
2. Mais le symbolisme qui vise aux « correspondances » cherche normalement à s'élever (vers Dieu, ou le monde des Idées) or ici au contraire le poète « creuse la terre » : on a donc une inversion sur la forme traditionnelle de l'élévation poétique vers une descente (catabase vers les Enfers).
3. On peut donc prendre au sérieux l'apostrophe « mon âme » au début du poème : le poète s'adresse à lui-même comme artiste qui retravaille le matériau poétique originel pour élaborer une vision sacrée et divine de la poésie mais détournée.

Pour conclure, après avoir rappelé les étapes de la démonstration dans le cadre d'un commentaire composé, où les grands axes de l'analyse linéaire, il est possible d'ouvrir sur la tradition néo-platonicienne de la poésie du XVIe siècle pour montrer que Baudelaire ne reprend pas seulement la thématique du *carpe diem* mais aussi les enjeux d'élévation vers le monde des idées ; il détourne la rose en charogne et l'élévation en descente. C'est ainsi que « Une Charogne » devient la mise en abyme de toutes *Les Fleurs du mal* dont elle la plus emblématique des fleurs.

Texte complémentaire. Ronsard, « À Cassandre », *Odes* (1545)

Mignonne, allons voir si la rose
Qui ce matin avait déclose
Sa robe de pourpre au Soleil,
A point perdu, cette vesprée,
Les plis de sa robe pourprée,
Et son teint au votre pareil.

Las ! Voyez comme en peu d'espace,
Mignonne, elle a dessus la place
Las, las, ses beautés laissé choir !
Ô vraiment marâtre Nature,
Puis qu'une telle fleur ne dure
Que du matin jusques au soir !

Donc, si vous me croyez, mignonne,
Tandis que votre âge fleuronne
En sa plus verte nouveauté,
Cueillez, cueillez votre jeunesse :
Comme à cette fleur la vieillesse
Fera ternir votre beauté.

Commentaire complet : « Alchimie de la douleur »

Introduction

Si ce poème n'est pas le plus connu ni le plus commenté, il n'en est pas moins fondamental au programme « Alchimie du verbe : la boue et l'or » puisqu'il repose sur cette métaphore. Quatre-vingt-unième poème du recueil, il se situe à la fin de la première section,

«Spleen et Idéal» et se situe seulement à quelques poèmes des quatre «Spleen»: c'est un poème au cœur du paroxysme mélancolique des *Fleurs du mal*.

On retrouve dès le titre un horizon d'attente poétique et la forme traditionnelle du poème (sonnet d'octosyllabes avec un schéma fixe de rimes). Ce retour à la tradition renforce l'actualisation d'un topos littéraire, celui du poète mélancolique. Se présenter comme un poète rongé par un ennui profond et métaphysique est devenu un cliché à force d'être exploité par les poètes (les raisons en sont alors multiples et parfois liées: éloignement de la dame, doute sur l'existence et sa signification, peur de la mort). La mélancolie devient la source d'une inspiration; la poésie obtient alors des vertus thérapeutiques. En nommant le mal profond qui les ronge, les poètes le subliment. C'est par la langue, comme moyen de dominer le monde, par l'acte de désignation des objets du monde, que le poète guérit. Il passe d'objet de douleur à sujet conscient, maître de lui-même comme de l'univers. Ainsi l'opération alchimique est devenue une métaphore de choix pour les poètes, surtout que la Renaissance a vu se développer en même temps le goût de l'alchimie et l'éclosion d'une poésie baroque particulièrement propice à la mélancolie. Le poète, à la manière dont un alchimiste transmute le fer en or, transforme la mélancolie en inspiration, inverse le mal en un bien fécond et riche, applique au monde la métamorphose qu'il applique déjà dans la langue.

Cependant, la modernité de Baudelaire permet une nouvelle inversion, cette fois-ci sur la tradition poétique elle-même. Le programme des *Fleurs du mal* se voit conforté: il s'agit d'un renversement total de perspective par rapport à une tradition sclérosée, sans pour autant modifier ni même toucher à ces motifs anciens. L'alchimie est donc convoquée et confirmée dans sa démarche comme dans sa symbolique: il faut toujours arriver à changer la matière du monde. Mais cette fois-ci c'est l'or qui se change en fer, comme si le seul monde possible était désormais un monde sens dessus dessous. L'inversion est le motif privilégié d'une âme chamboulée, splénétique et malheureuse. Baudelaire, en lecteur et traducteur des *Confessions d'un mangeur d'opium anglais*, de Thomas de Quincey, considère d'ailleurs les drogues et l'alcool comme une nouvelle alchimie de l'âme, dont la section «Le Vin» du recueil est l'emblème le plus éclatant; ce sont des moyens pour ouvrir les sens et accéder à un idéal mais cette manière « artificielle » d'entrevoir l'au-delà transmute à son tour le « paradis » en « enfer ».

Le poème « Alchimie de la douleur » n'est pas seulement une nouvelle expression du spleen du poète qui actualise la métaphore alchimique; c'est aussi la mise en scène d'un monde inversé où la mélancolie, inspiration du poète, lui fait entrevoir l'espoir d'une nouvelle transcendance où les cieux ont laissé place aux enfers.

Le titre

C'est un des rares titres des *Fleurs du mal* à ne pas comporter d'article. Cela met l'accent moins sur le concept d'alchimie que sur son côté opératoire. Le poème ne se propose pas de décrire ce que serait *une* alchimie de la douleur, ni même de conceptualiser ce qui pourrait être *l'*alchimie de la douleur en général. En revanche il se propose d'être cette alchimie particulière; c'est une dynamique de transformation du monde à l'œuvre, et non sa description.

Le titre peut s'interpréter de deux manières différentes, selon la manière dont on lit le complément du nom. On distingue en effet le génitif objectif du génitif subjectif: le premier indique l'origine quand le second indique la possession. Ainsi on peut poser comme premier sens celui de la douleur comme origine de l'alchimie. On retrouve alors le sens traditionnel de la métaphore alchimique en poésie: il s'agirait de transformer la douleur en inspiration poétique. C'est une acception particulièrement romantique (cf. « Le Lac » de Lamartine). Mais on peut aussi supposer la douleur comme opératrice du processus alchimique. C'est elle-même qui transforme le monde, et cela explique alors les inversions du poème: elle transforme l'or en fer et le paradis en enfer.

On note enfin le choix du mot « douleur » qui remplace les mots habituels d'ennui, de mélancolie voire de spleen. Il ne s'agit plus de la cause du mal-être mais son symptôme, physique, physiologique, peut-être spirituel. La douleur, c'est souffrir, qu'importe la manière et l'origine de cette souffrance.

Le premier quatrain

Dès le deuxième vers du poème, on comprend que ce quatrain est adressé à la Nature, personnifiée à l'aide de la majuscule et du fait qu'elle porterait un deuil. C'est un tutoiement, sans déférence ni respect outrecuidant et déplacé. Il y a donc une relation forte qui se construit entre la voix du poète et la nature, à la fois destinatrice de sa parole mais également lieu où elle résonne (cf. « Correspondances »).

Baudelaire respecte le schéma traditionnel de la rime embrassée dans les quatrains du sonnet. Les mots « ardeur » et « splendeur » encadrent « Nature » et « Sépulture », comme si le monde entier était « éclairé » par la brillance du soleil, qui prépare l'or annoncé par le titre. Le lien que crée le poème dès la première strophe entre la nature et la mort prépare également les inversions de cette nouvelle alchimie. La strophe se construit sur deux parallélismes, avec la répétition de « l'un » aux vers impairs 1 et 3 et de « l'autre » aux vers pairs 2 et 4. Volontairement, il n'est pas possible d'identifier ce qui se cache derrière ces indéfinis. Mais ce qui compte, c'est un monde qui se divise, qui se sépare en deux camps, celui de la vie (« éclaire », « ardeur », « vie et splendeur ») et celui de la mort (« deuil », « sépulture »).

Cependant, le monde est déjà sens dessus dessous car entre les deux premiers vers et les deux derniers, le rapport de l'un et de l'autre à la vie et à la mort s'est inversé ! Deux postures différentes se devinent également, entre le fait d'éclairer du dehors la nature et le fait de mettre en son sein le deuil. Enfin, les derniers vers sont au contraire des discours directs : il y a la volonté du poète de faire entendre d'autres voix que la sienne dans le poème et ce sont des cris comme l'attestent les points d'exclamations. Ainsi entre l'apostrophe du poète à la Nature et ces cris, un lien mystérieux s'élabore par la ponctuation. Le poète fera sien ces cris contraires car l'alchimie est bien le passage d'un état à un autre.

Le deuxième quatrain

La voix du poète se détourne désormais de la Nature pour s'adresser, toujours par le tutoiement, au dieu Hermès. Figure mythologique, le dieu grec est toujours le signe d'une transcendance puisqu'il est une forme plus pure, plus parfaite, du fait de son immortalité, que la carcasse (charogne ?) humaine. Dans la mythologie grecque, Hermès est le messager des dieux ce qui peut faire un lien entre la voix poétique et la voix divine. C'est aussi celui qui conduit les morts aux Enfers, ce qui en fait une figure importante pour cette alchimie inversée. De plus, les alchimistes se réclament d'Hermès Trismégiste, figure fantasmée qui aurait inventé l'alchimie (il en est désormais l'archétype) et qui donne son nom à l'hermétisme, discipline ésotérique fondée sur la lecture des documents occultes. L'apostrophe à Hermès, quel qu'il soit puisqu'il reste « inconnu », construit un rapport entre le poète et un passé mythique et rêvé qu'il fait revivre par la parole.

Cette figure antique est ambivalente : elle est à la fois une aide précieuse, puisque c'est son assistant, mais c'est aussi un patronage un peu trop lourd car elle intimide le poète. On remarque un jeu temporel entre les références passées (Hermès et Midas), les temps des verbes (présent « assistes », preuve que l'alchimie est encore à l'œuvre ; passé « intimidas », qui montre que l'alchimie est ancienne et à l'œuvre depuis longtemps) et l'adverbe « toujours » (qui montre l'aspect intemporel de l'alchimie).

La deuxième figure du quatrain est Midas, roi qui reçut en cadeau de la part des dieux de changer en or tout ce qu'il touchait, mais qui ne pouvait alors plus boire ni manger. C'est une manière d'amener progressivement le motif de l'or dans le poème, tout en insistant sur l'aspect malheureux de cet or. En étant élevé comme « l'égal » de cette figure mythologique par Hermès, le poète devient de fait alchimiste (il transforme aussi le monde en or), son destin devient aussi tragique que le roi mythologique (car cet or est maudit) et son histoire s'inscrit désormais dans le temps mythique, un temps hors du temps, une démarche éternelle et universelle. Cependant, à « l'égal » de Midas, le poète n'en est pas moins « le plus triste » : le superlatif insiste malgré tout sur la singularité du poète parmi la communauté des alchimistes dont il fait désormais partie.

Le sizain

Un sonnet se clôt toujours sur un sizain (qu'on a tendance à éditer sur la forme de deux tercets) car le schéma des rimes associe les six vers entre eux. D'ailleurs, le sizain ne joue ici qu'avec deux rimes : [aj] et [èr] avec au début et à la fin du sizain un distique de rimes suivies qu'il faut interpréter. Après les quatrains, la volte illustre enfin le thème de l'alchimie inversée avec la rime « enfer » associé à « fer » : l'or se transforme en fer et le paradis en enfer, soit sous l'action de la douleur soit pour transformer celle-ci en or poétique. À la fin du poème, la rime entre les « rivages » et les « sarcophages » associe de nouveau la nature et la mort, comme au début du sonnet pour le refermer sur la même image, celle d'un monde où la douleur hyperbolique l'emporte sur toutes les choses du monde. Entre temps, l'inversion des rimes « nuages » et « cher », qui ne sont pas dans le tercet associé phonétiquement avec ces mots, met en lumière l'inversion de l'alchimie de la douleur. Il ne s'agit donc pas seulement d'une inversion par les mots mais aussi par les sons : le monde tout entier en est chamboulé.

La fin du poème est encore adressée à un « toi » mystérieux : est-ce la nature ? est-ce Hermès ? est-ce la femme aimée ? est-ce l'alchimie elle-même, puisqu'il est question de moyen (« par toi ») ? Le poème construit, par la deuxième personne qui circule entre les êtres et les figures, un réseau dont le nœud est le « moi » du poète. Les derniers vers sont ainsi construits à l'aide de l'anaphore du pronom personnel de la première personne. On a donc un déplacement entre le début du poème où il s'agissait de « l'un » et de « l'autre » et la fin du poème où il est question de « toi » et de moi (« je ») : l'alchimie est peut-être malheureuse et inversée, mais le poème n'en a pas moins gagné sa voix, peut-être même sa vocation comme le font entendre les verbes « je découvre » puis « je bâtis ». C'est peut-être en cela que du poème se dégage une mystique : l'alchimie devient le symbole d'un travail sur soi qui permet de dégager un sens caché et profond du monde.

La mystique de cette dernière strophe point à travers l'usage du vocabulaire religieux qui domine tout le sizain : « paradis », « enfer », « suaire », « célestes ». Le motif du « suaire » insiste sur l'acte fondamental d'un dévoilement d'une réalité spirituelle au-delà de l'expérience sensible. Entre les « nuages » et les « célestes rivages », il y a un lien secret que seul le poète peut mettre au jour par le jeu des sonorités : sa poésie réinvente le monde. Le ciel, la mer et la terre (où on doit enterrer le « sarcophage ») se répondent alors et il n'est plus seulement question d'inversion mais bien de bouleversement. L'absence d'ordre du monde métaphorise le désordre poétique que le poète construit par le processus alchimiste. Le sizain est donc l'application et les conséquences de cette alchimie de la douleur.

Le parcours associé :
« Alchimie poétique : la boue et l'or »

Présentation du parcours

Enjeux et thématiques

La façon dont Baudelaire s'inscrit dans des traditions antérieures à lui (la poésie du XVIe siècle, le Romantisme) ainsi que l'importance de la réception des *Fleurs du mal* (en particulier par les symbolistes) suffisent à justifier le projet d'inscrire la lecture de ce recueil dans un champ plus large : l'œuvre de Baudelaire excède en effet les limites de son recueil.

Le parcours associé « Alchimie poétique : la boue et l'or » renvoie à une citation de Baudelaire : « Ô vous ! soyez témoins que j'ai fait mon devoir / Comme un parfait chimiste et comme une âme sainte. / Car j'ai de chaque chose extrait la quintessence, / Tu m'as donné ta boue et j'en ai fait de l'or » (ébauche d'un « Épilogue » pour la deuxième édition des *Fleurs du mal*). Baudelaire relit donc son projet poétique à travers le prisme de l'alchimie. Il ne sera pas le seul puisque, quelques années plus tard, Arthur Rimbaud reprendra cette même image dans la cinquième section d'*Une saison en enfer* (1873) dont le titre est « Délires II Alchimie poétique du verbe ». Cette métaphore est aussi utilisée par Mallarmé pour désigner sa propre recherche formelle : « j'ai toujours rêvé et tenté autre chose, avec une patience d'alchimiste, prêt à y sacrifier toute vanité et toute satisfaction, comme on brûlait jadis son mobilier et les poutres de son toit, pour alimenter le fourneau du Grand Œuvre »[1]. Avant eux, le poète Gérard de Nerval avait écrit deux pièces de théâtre consacré à ce sujet : *L'Alchimiste* (en collaboration avec Alexandre

1. Stéphane Mallarmé, lettre du 16 novembre 1885 à Paul Verlaine.

Dumas) et *Nicolas Flamel* (du nom de l'inventeur de la pierre philosophale). Pourquoi les écrivains utilisent-ils cette image obsédante de l'alchimie pour désigner leur propre travail du langage ?

On peut proposer deux hypothèses :

- En effet, on peut considérer la transformation de la boue en or du point de vue de son *résultat* et interroger plus précisément la quête poétique de la beauté : le projet baudelairien constitue un cas exemplaire de cette transformation de la laideur en beauté. Si l'alchimiste cherche à transformer le plomb en or, l'or est également le symbole de l'aboutissement de cette recherche poétique pour le poète.
- Il est aussi possible de considérer l'alchimie comme une *démarche* : ce processus de transformation est au cœur de la démarche de la littérature, l'écrivain est celui qui transforme les choses en langage (et inversement). Il est donc fasciné par l'idée de transformation, de mutation : le langage est semblable aux composés chimiques qui changent d'état et de propriétés au cours du processus alchimique. Pour cette raison, l'alchimie, symbole de cette mutabilité de la matière en langage est l'objet de la fascination des écrivains (et pas seulement des poètes).

La citation de Baudelaire qui inspire l'intitulé « Alchimie poétique : la boue et l'or » convoque tout un imaginaire ancien et un fonds culturel dont il convient de retracer les principaux jalons.

De l'alchimie à la chimie

Les écrivains du XIXe siècle semblent utiliser les mots « chimie » et « alchimie » comme des synonymes. Est-ce vraiment le cas ? Selon les points de vue, l'alchimie est soit réduite à une pratique magique et à une superstition médiévale soit à une sorte de protochimie, un ancêtre de notre chimie moderne. En réalité, la difficulté à cerner cette discipline réside en ce qu'elle tient à la fois des sciences et de la mystique : elle tente d'élaborer un savoir sur le monde, comme l'astrologie par exemple (même si aujourd'hui le savoir de l'alchimie nous semble dépassé) mais les alchimistes considèrent que l'accès à ce savoir doit résulter d'un itinéraire spirituel : ainsi, ceux-ci doivent procéder à une véritable initiation. Les alchimistes ont pour ambition de fabriquer la pierre philosophale (qu'on appelle aussi « grand œuvre ») capable de transformer tous les métaux en or et en argent ; néanmoins derrière cette recherche pratique se dissimule souvent une signification mystique : il s'agit en fait pour eux de découvrir les relations secrètes entre les matériaux et l'âme universelle du monde.

Le mot « alchimie » provient du mot arabe « al-kīmiyā », lui-même formé sur le grec « *kumia* » qui signifie « fusion ». Issue, à l'époque de l'Égypte gréco-romaine, de l'art des orfèvres qui ont cherché à imiter l'aspect de l'or grâce au travail des métaux, l'alchimie devient une doctrine selon laquelle les éléments de l'univers correspondent entre eux selon un système complexe. Au fil de son histoire, l'alchimie se charge d'une part d'hermétisme : son langage se codifie et devient difficile d'accès. Au VIIe siècle, l'alchimie arabe se développe ; celle-ci produira un texte important de l'alchimie, la *Table d'émeraude* qui fut commentée par des générations d'alchimistes. Elle revient en Occident chrétien par le biais de traductions latines des textes arabes et atteint son apogée au Moyen Âge et à la Renaissance grâce à de fameux alchimistes comme Albert le Grand et Paracelse. Au XVIIe siècle, l'alchimie reste importante (Newton par exemple s'y intéressa), mais les découvertes scientifiques du savant Lavoisier – connu pour avoir formulé le principe « Rien ne se perd, rien ne se crée, tout se transforme » – remettent en cause les fondements de l'alchimie, en particulier dans ses études sur la combustion. L'alchimie est alors reléguée comme une superstition au profit de la chimie moderne.

Dès l'époque classique, l'alchimie n'est pas exempte de dégradation littéraire : par exemple dans *Gargantua* (1534), Rabelais utilise le vocabulaire de l'alchimie (« abstracteur de Quintessence », « substantifique moëlle ») afin de la dégrader, puisque celle-ci se confond désormais, de façon burlesque, avec la distillation des alcools. De la même façon, les XVIIe et le XVIIIe siècles feront de l'alchimiste un mystificateur alors que le XIXe siècle soulignera l'éloignement de cette science occulte avec la démarche de la science moderne (et plus précisément avec la chimie telle qu'elle est théorisée par Lavoisier).

Gaston Bachelard dans *La Psychanalyse du feu* (1938) et dans ses autres essais a montré que les principes et les méthodes de l'alchimie, bien que dépassés, continuent d'infuser notre imaginaire : selon lui l'eau, l'air, le feu et la terre, les quatre principaux éléments alchimiques structurent notre imaginaire. Il rappelle ce que les poètes et les écrivains ont bien compris : « L'expérience alchimique, plus que toute autre, est double : elle est objective ; elle est subjective[1]. »

Symboliques de l'or

Objet de la recherche des alchimistes, l'or est aussi un puissant symbole littéraire. Il fonde le mythe de « l'Âge d'or » qui continue d'exercer sa puissance sur nos représentations. Hésiode fut le premier dans sa *Théogonie* (VIIIe siècle avant J.-C.) à décrire la succession des « races d'hommes » : d'abord celle d'or, puis celles d'argent, de bronze et de fer. Cette schématisation de l'histoire de l'humanité chez les auteurs antiques (Catulle, Ovide) est généralement le support d'un discours décliniste : parce que les humains ont déplu aux dieux, ils ont perdu leurs privilèges, ce qui est illustré par la dégradation des métaux. Virgile, dans les *Bucoliques* (Ier siècle av. J.-C.) envisage le retour d'un âge d'or. Ce fantasme marqua l'imaginaire occidental de l'Histoire : les écrivains et les poètes s'y réfèrent pour essayer d'élucider leur place dans le monde et dans le temps.

Le motif de l'or est paré d'une symbolique plus précise dans la littérature et dans la philosophie. Son analogie avec l'aspect du soleil – et sa capacité à refléter sa lumière – ont très tôt conduit à l'associer dans les arts à des valeurs spirituelles. Dans la pensée platonicienne puis néo-platonicienne, l'or est un symbole d'élévation et de transcendance, il rappelle le soleil des Idées évoqué dans le Livre VII de *La République*. Néanmoins, il n'est que métaphorique, Platon affirme même qu'il « est impie de souiller la possession de l'or divin en l'alliant à celle de l'or terrestre ». Ses successeurs retiendront le motif de la chaîne d'or (tiré du dialogue *Ion*) qui métaphorise l'inspiration des dieux sur les hommes et plus généralement

1. Gaston Bachelard, *La Formation de l'esprit scientifique* (1938).

la transmission d'un savoir divin. La tradition chrétienne utilisera un certain nombre de ces valeurs : le Nouveau Testament nuance ainsi l'image négative de ce métal (associé dans l'Ancien Testament aux idoles, par exemple à travers l'image du « veau d'or ») en en faisant l'image imparfaite des bienfaits de Dieu. Le christianisme initie aussi une image métaphorique de l'or, à travers celle de la « parole d'or » ainsi le nom de Jean Chrysostome, l'un des pères de l'Église, signifie littéralement « bouche d'or ». L'art chrétien usera par ailleurs des feuilles d'or pour représenter le sacré.

Parallèlement à ces valeurs spirituelles, l'or reste paradoxalement attaché au monde matériel et à ses aspects les plus superficiels : en effet, associé aux pièces de monnaie et par métonymie au commerce, elle prend une forte signification dépréciative. Au XIXe siècle, les écrivains en font l'un des emblèmes de la bourgeoisie et de ses valeurs. Chez un auteur comme Balzac, cette double symbolique de l'or – hautement spirituelle et bassement matérielle – est souvent activée : ainsi dans *La Fille aux yeux d'or*, la double interprétation du complément du nom souligne que les yeux sont un objet de beauté mais également que ceux-ci peuvent produire de la valeur marchande ; de même dans *La Recherche de l'absolu*, l'or des alchimistes, objet d'une quête scientifique, est opposé à l'or des bourgeois.

La boue, un limon poétique

Enfin signalons que si le parcours « Alchimie poétique : la boue et l'or » conduit à interpréter ce parcours dans le sens de la formation d'un or poétique, cela n'exclut pas la considération de son premier matériau, la boue. En effet, selon le critique Antoine Compagnon, il convient de ne pas exagérer l'influence de l'alchimie sur l'œuvre de Baudelaire : la citation « tu m'as donné ta boue et j'en ai fait de l'or » est peut-être une référence aux « tombereaux de boue » (qui sont des véhicules chargés d'ordures) ; la boue serait alors la « mixture d'immondices pétries avec de la terre et de l'eau » à laquelle fait aussi référence Marcel Proust. Selon Antoine Compagnon « la boue de Baudelaire, c'est donc ce qui reste des déchets après le passage des chiffonniers successifs et qui sera vendu comme engrais aux maraîchers des faubourgs ».

Le romancier Flaubert opérera une même analogie : dans *Bouvard et Pécuchet*, il met en scène ce même intérêt pour la boue à travers la description d'une pompe à purin. Le personnage s'exclame alors à l'encontre de « ceux qui avaient l'air dégoûté », « Mais, c'est de l'or ! c'est de l'or ! » L'allusion est peut-être moins ironique qu'il n'y paraît puisque dans une lettre à Maupassant, il écrit : « La poésie, comme le soleil, met de l'or sur le fumier. Tant pis pour ceux qui ne le voient pas ». L'auteur de *Madame Bovary* n'est donc pas très éloigné de la posture d'un Mallarmé qui verra la poésie comme un « glorieux mensonge », mais un mensonge nécessaire pour rendre l'existence supportable. Cette mise en scène de la boue féconde trouvera des interprétations plus sociales avec le naturalisme de Zola : l'excipit du roman *Paris* met en scène des personnages qui s'exclament, devant un Paris illuminé par le soleil, « Voyez donc ! Voyez donc ! Paris tout en or, Paris couvert de sa moisson d'or ! » et le comparent à un grand champ de blé : ainsi, la terre continue, même en imagination de produire de l'or.

Auteurs et œuvres associés

L'intitulé « Alchimie poétique : la boue et l'or » nous engage à interroger la place du projet baudelairien – visant à dialectiser le beau et le laid – dans l'histoire de la poésie. En effet, l'alchimie réalisée dans *Les Fleurs du mal* – aussi moderne et singulière soit-elle – doit être lue en regard des œuvres qui précédèrent le recueil et de celles qui lui succéderont. Du Romantisme au Symbolisme, de nombreux poètes ont ainsi, à l'image de Baudelaire, tenté de convertir la noirceur du monde :

- François Villon, *La Ballade des pendus* (XVe siècle) : la poésie macabre de Villon emprunte ses thèmes (la mort, le jugement) et ses formes (la ballade) à la littérature du Moyen Âge. On montrera comment le poète s'éloigne de l'idéal courtois pour révéler, à travers une poésie « populaire » aux accents autobiographiques, la misère du monde.

- Théophile Gautier, *La Comédie de la mort* (1838) : Gautier déploie dans ses œuvres de jeunesse un imaginaire gothique et un humour macabre dont se souviendra l'auteur des *Fleurs du mal*. Sa poésie plus tardive se concentra davantage sur la forme, mais elle ne renie pas entièrement cette esthétique grotesque. On comprend ainsi que *Les Fleurs du mal* lui soit dédiées.
- Aloysius Bertrand, *Gaspard de la Nuit* (1842, posthume) : ce même univers gothique, macabre et étrange est également présent dans ce recueil. Aloysius Bertrand a recours à la poésie en prose. Baudelaire revendique l'influence thématique et formelle de ce dernier dans *Le Spleen de Paris*.
- Lautréamont, *Les Chants de Maldoror* (1869) : ouvrage déroutant écrit en prose poétique, ce recueil est dominé par la figure maléfique de Maldoror, source de violence physique et morale. Julien Gracq parle de Lautréamont – dont le vrai nom était Isidore Ducasse – comme « le grand dérailleur de la littérature française ».
- Rimbaud, *Une saison en enfer* (1873) : on peut considérer ce texte comme une « autobiographie infernale » qui tente d'exorciser les déboires de sa relation avec Verlaine : l'auteur revient sur ses expérimentations poétiques et semble annoncer leur échec.
- Tristan Corbières, *Les Amours jaunes* (1873) : la poésie de ce recueil est marquée par la dissonance, ce « poète maudit » s'attache en effet à dénoncer les impostures de la poésie, non sans une certaine amertume. Tristan Corbières éprouve ainsi les limites du projet baudelairien.

Proposition de parcours

Nous proposons d'illustrer les deux aspects de l'intitulé de cette « alchimie poétique », comme résultat et comme processus. On élucidera cette recherche poétique à travers l'un des motifs suggérés par l'intitulé – l'or – à l'occasion d'un premier parcours consacré au « poète, chercheur d'or ». Puis on interrogera dans un second parcours intitulé « Poétique de l'alchimie : la transformation à l'œuvre » la façon dont la représentation de l'alchimie métaphorise un travail *poétique* (au sens large de création).

Parcours 1 Le poète chercheur d'or

Justification du parcours

Ce parcours propose de mettre en perspective la démarche de Baudelaire dans *Les Fleurs du mal* avec celles d'autres poètes, issus d'époques et de mouvements différents (Pléiade, fables du XVIIe siècle, Romantisme, Symbolisme). On s'appliquera à interroger un motif commun : la recherche de l'or poétique. Si, au regard de la signification alchimique de cette quête et plus généralement du symbolisme associé à l'or dans l'histoire des idées, cette métaphore de l'entreprise du poète fut régulièrement actualisée, les écrivains ne lui donnent pas la même signification.

Il s'agit donc d'interroger à la fois un mouvement et un but : faire du poète un chercheur d'or, c'est faire de la poésie l'outil d'une recherche esthétique ; pour le poète, trouver l'or poétique, c'est réaliser l'alchimie de la forme (Rimbaud parle, on l'a vu d'« Alchimie du

Verbe »). La diversité des formes des textes de ce parcours (sonnet, vers hétérométriques, vers libres) illustre la diversité de ces quêtes de l'or poétique. Il s'agira donc, grâce à la lecture de ces poèmes de s'interroger sur la forme et la fonction de cette recherche de l'or, qui est pour les poètes à la fois un motif et la structure même de leur entreprise littéraire.

Texte 1. Du Bellay, *Les Antiquités de Rome* (1558), sonnet XIX « Tout le parfait dont le ciel nous honore »[1]

Tout le parfait dont le ciel nous honore,
Tout l'imparfait qui naist dessous les cieux,
Tout ce qui paist nos esprits et nos yeux,
Et tout cela qui nos plaisirs devore,

Tout le malheur qui nostre âge desdore,
Tout le bonheur des siecles les plus vieux,
Rome du temps de ses premiers ayeulx
Le tenoit clos ainsi qu'une Pandore.

Mais le destin desbrouillant ce chaos,
Où tout le bien et le mal fut enclos,
A fait depuis que les vertus divines

Volant au ciel ont laissé les pechez
Qui jusqu'icy se sont tenus cachez
Sous les monceaux de ces vieilles ruines.

► *Présentation du texte*

Les Antiquités de Rome propose, en 1558, une méditation sur les causes de la disparition de la civilisation romaine à l'origine de la culture occidentale et dont pourtant il ne reste que des ruines, et une « poudreuse cendre ». Lors d'un voyage à Rome, Du Bellay éprouve avec douleur l'absence de tout ce qui faisait la gloire de la Rome antique, ensevelie sous une ville moderne insalubre. Il

1. Du Bellay, *Les Regrets* dans *Œuvres complètes* de Joachim Du Bellay, tome 3, Texte établi par Léon Séché, Revue de la Renaissance, 1903, tome III, p. 10.

déplore cette perte à travers des poèmes de tonalité élégiaque. L'un des thèmes fondamentaux des *Antiquités de Rome* est le caractère fugitif du temps : il tente d'interpréter les mouvements de l'Histoire, en convoquant par exemple, dans le sonnet XIX, le mythe de l'Âge d'or.

▸ *Principaux axes de lecture*

Ce texte reprend deux mythes de l'Antiquité : celui des différents âges de l'humanité et celui de la boîte de Pandore (Hésiode, Homère) : le poète oppose donc à la disparition de la civilisation des Anciens la permanence de la culture qu'ils ont fondée.

Ce sonnet marqué par les antithèses renverse le cliché qui fait de fait de la civilisation romaine un âge d'or indépassable : loin d'être marquée par la perfection, elle tenait « tout le bien et le mal » enclos à la manière d'une Pandore et constitue donc pour Du Bellay l'équivalent d'un âge de fer : elle possédait en puissance tous les vices de notre époque « sous les monceaux de ces vieilles ruines ». L'autre recueil de Du Bellay, *Les Regrets* fait ainsi une violente satire de la Rome moderne, décadente et immorale.

La vision de l'Histoire convoquée par Du Bellay est donc ambiguë : si Rome n'est que la matrice de tout ce qui est bon et mauvais dans la culture occidentale, Du Bellay s'interroge sur ce qui pourrait faire de son époque un nouvel âge d'or : il cherche à élucider « Tout le malheur qui notre âge *dédore* ». Ce verbe composé à partir de *dorer* et du préfixe privatif *de* représente l'époque de Du Bellay comme un âge d'or dégradé : interroger le « destin » de Rome, c'est donc chercher les causes de sa dégradation et tenter de se libérer de son influence afin de redorer le présent.

▸ *Lien avec le parcours*

Du Bellay montre dans ce sonnet qu'il ne faut pas chercher l'or poétique là où il ne se trouve pas : celui-ci n'est pas « sous les monceaux » des vieilles ruines romaines, chaque époque doit produire son propre or, c'est-à-dire ses propres formes : ainsi, Du

Bellay cherche-t-il à imposer le sonnet français et à faire de la langue française l'égale des langues du passé (*Défense et illustration de la langue française*, 1548).

Texte 2. La Fontaine, *Fables* (1668), V, IX, « Le Laboureur et ses enfants »[1]

Travaillez, prenez de la peine :
C'est le fonds qui manque le moins.
Un riche Laboureur, sentant sa mort prochaine,
Fit venir ses enfants, leur parla sans témoins.
Gardez-vous, leur dit-il, de vendre l'héritage
Que nous ont laissé nos parents.
Un trésor est caché dedans.
Je ne sais pas l'endroit ; mais un peu de courage
Vous le fera trouver, vous en viendrez à bout.
Remuez votre champ dès qu'on aura fait l'Oût.
Creusez, fouiller, bêchez ; ne laissez nulle place
Où la main ne passe et repasse.
Le père mort, les fils vous retournent le champ
Deçà, delà, partout ; si bien qu'au bout de l'an
Il en rapporta davantage.
D'argent, point de caché. Mais le père fut sage
De leur montrer avant sa mort
Que le travail est un trésor.

▶ *Présentation du texte*

Les *Fables* de La Fontaine sont des apologues, généralement en vers hétérométriques, qui articulent un récit et une morale. Ainsi, le premier volume, publié en 1668 (livre I à VI) est dédié au Dauphin. Si de nombreuses fables animalières plus tardives réaliseront une satire voilée de la cour de Louis XIV (« Les Obsèques de la lionne »), ces premiers livres ont surtout pour vocation de dispenser sous une forme plaisante un enseignement moral. « Le Laboureur et ses enfants » s'inscrit dans un cycle « économique » puisqu'il fait écho

1. La Fontaine, *Fables*, Le Livre de Poche, 2002, p. 170.

aux fables « La Fortune et le jeune Enfant» (XI) et « La Poule aux œufs d'or » (XIII) dans lesquelles le fabuliste propose à ses jeunes lecteurs des leçons à la fois pratiques et morales pour gérer leur « fortune » (entendue au sens large). Cette fable, réécriture d'une fable d'Ésope du même titre, convoque des personnages humains et l'univers du conte : la mort du patriarche et ses paroles énigmatiques conduisent ses enfants à découvrir l'importance du travail.

▶ *Principaux axes de lecture*

Cette fable repose sur l'ambiguïté des derniers mots du Laboureur : le mot « trésor » est interprété littéralement par les enfants alors que le mourant entendait un trésor en puissance. La fable va plus loin puisque selon le moraliste, « le travail est un trésor » : on s'enrichit donc à la fois financièrement et moralement par le travail.

La fable entretient par sa structure cette ambiguïté : en effet, elle propose deux morales, l'une au début et l'autre à la fin. Pourtant, la première (« Travaillez, prenez de la peine : / C'est le fonds qui manque le moins »), à l'image des paroles rapportées du vieillard, est volontairement vague et n'est comprise qu'*a posteriori* par le lecteur. L'apologue imite donc la parabole (récit allégorique qui dissimule un enseignement, souvent religieux, on pense ici à celles du semeur ou à celle des deux fils dans La Bible). La Fontaine avait annoncé cette proximité dans le Prologue de 1668 : « La parabole est-elle autre chose que l'Apologue ».

Plus encore, le texte met en abyme cette démarche : le lecteur, auquel le fabuliste s'adresse directement par le biais de verbes à l'impératif, est pareil aux enfants du Laboureur, il doit s'interroger sur l'apologue pour en tirer un sens et comprendre la morale qu'il véhicule.

▸ *Lien avec le parcours*

Dans ce texte, l'or est caché : on retrouve le son « or » dans plusieurs mots de la fable (« aura », « rapporta », « trésor » et « or » à la rime des derniers vers) et son image (à travers l'image des blés en août). Il faut donc, chez La Fontaine, trouver l'or dissimulé par la forme de l'apologue. C'est donc au lecteur de se faire chercheur d'or.

Texte 3. Gérard de Nerval, « Vers dorés », *Les Chimères* dans *Les Filles du Feu* (1854)[1]

Homme, libre penseur ! te crois-tu seul pensant
Dans ce monde où la vie éclate en toute chose ?
Des forces que tu tiens ta liberté dispose,
Mais de tous tes conseils l'univers est absent.

Respecte dans la bête un esprit agissant :
Chaque fleur est une âme à la Nature éclose ;
Un mystère d'amour dans le métal repose ;
« Tout est sensible ! » Et tout sur ton être est puissant.

Crains, dans le mur aveugle, un regard qui t'épie :
À la matière même un verbe est attaché…
Ne la fais pas servir à quelque usage impie !

Souvent dans l'être obscur habite un Dieu caché ;
Et comme un œil naissant couvert par ses paupières,
Un pur esprit s'accroît sous l'écorce des pierres !

▸ *Présentation du texte*

Gérard de Nerval est un écrivain romantique du XIXe siècle dont l'œuvre est un plaidoyer pour l'imagination : dans le récit autobiographique *Aurélia* il écrit : « Le Rêve est une seconde vie ». Dans le recueil *Les Filles du feu*, il donne à lire plusieurs récits dont les thèmes sont la nostalgie, l'amour ou encore la folie. Il clôt ce recueil par une série de douze sonnets, *Les Chimères*, qualifiés de « rêveries supernaturalistes » qui selon lui « perdraient de leur charme

1. Gérard de Nerval, *Les Filles du Feu, Les Chimères* et autres textes, Le Livre de Poche, 1999, p. 372.

à être expliqués ». Souvent qualifiés d'hermétiques, ces sonnets mettent pourtant en œuvre une réflexion métaphysique et esthétique complémentaire des nouvelles : le dernier d'entre eux, « Vers dorés », inspiré des enseignements du mathématicien Pythagore, livre une clef de lecture du recueil en décrivant la posture éthique qui préside à sa pratique poétique.

▶ *Principaux axes de lecture*

Au début de « Vers dorés », le poète apostrophe un « libre penseur », c'est-à-dire un athée et lui propose, à travers plusieurs conseils formulés à l'impératif, de corriger sa vision de monde (« Mais de tes conseils l'univers est absent ») : l'univers n'est pas vide de Dieu, il est au contraire habité par un « Dieu caché », présent en toutes choses.

Le poème développe une profession de foi panthéiste, c'est-à-dire une conception de la nature selon laquelle ses trois règnes (animal, végétal et minéral) sont traversés par une même force, un même « esprit agissant ». Selon lui, « tout est sensible », l'homme doit saisir sa place dans cette Nature vivante : en cela il annonce le poème « Correspondances » de Baudelaire dans *Les Fleurs du mal* (parues trois ans plus tard).

Cette révélation, synthèse du paganisme et du christianisme, est aussi une conception du langage : selon le poète « à la matière même un verbe est attaché ». Le terme « verbe » tiré du vocabulaire religieux rappelle la puissance des mots. Il ne faut donc pas s'arrêter à « l'écorce de pierre », c'est-à-dire au signifiant, sous celle-ci « un pur esprit s'accroît ». Par sa puissance d'évocation, le langage poétique – ici le poète réactualise la forme du sonnet – peut et doit donc révéler la réalité spirituelle sous la matière des choses et sous celle des mots.

▸ *Lien avec le parcours*

Nerval donnera une interprétation très littérale de ce thème de l'or puisqu'il copiera une version de ce sonnet dans le « livre d'or » du photographe Nadar. La recherche de l'or chez Nerval est donc concomitante d'une quête spirituelle : la poésie, par le travail qu'elle réalise sur le langage, aide à trouver du sens.

Texte 4. Arthur Rimbaud, « Délires II. Alchimie du verbe », *Une saison en enfer* (1873)[1]

[...] Loin des oiseaux, des troupeaux, des villageoises,
Que buvais-je, à genoux dans cette bruyère
Entourée de tendres bois de noisetiers,
Dans un brouillard d'après-midi tiède et vert ?

Que pouvais-je boire dans cette jeune Oise,

– Ormeaux sans voix, gazon sans fleurs, ciel couvert ! –
Boire à ces gourdes jaunes, loin de ma case
Chérie? Quelque liqueur d'or qui fait suer.
Je faisais une louche enseigne d'auberge.

– Un orage vint chasser le ciel. Au soir
L'eau des bois se perdait sur les sables vierges,
Le vent de Dieu jetait des glaçons aux mares ;

Pleurant, je voyais de l'or – et ne pus boire. – [...]

▸ *Présentation du texte*

Texte *critique* dans tous les sens de ce mot, *Une saison en enfer* est selon Verlaine une « prodigieuse autobiographie psychologique » rédigée dans une période de doute profond. La section « Alchimie du verbe » est la deuxième intitulée « Délires » dans le recueil : l'auteur interroge l'histoire de son rapport à la poésie (« L'histoire de mes folies ») : texte adressé à lui-même (« À moi »), « Alchimie du verbe » est donc un texte ironique à travers lequel le poète porte

1. Arthur Rimbaud, *Poésies. Une saison en enfer. Illuminations*, Gallimard, Folio 1999, p. 192-198.

un regard lucide et plutôt désabusé sur ses propres expérimentations poétiques et sur leur échec, illustrée par plusieurs morceaux poétiques.

▶ *Principaux axes de lecture*

Cette section définit dans un récit au passé les « phases » de la carrière poétique de Rimbaud : on distingue ainsi une phase d'apprentissage, les premières expérimentations langagières – le poète fait ainsi explicitement référence au poème « Voyelles » –, les tentatives d'« alchimie du verbe » qualifiées de « vieilleries poétiques », les « hallucinations simples » et enfin les « hallucinations des mots ». Ce parcours tend vers la folie, l'artificialité et le silence : le poète rejette chacune d'entre elles, usant d'un vocabulaire fortement dépréciatif. Le dernier vers « Cela s'est passé. Je sais aujourd'hui saluer la beauté » est ambigu : le geste du poète peut à la fois signifier l'accueil et l'adieu.

Le texte donne à lire plusieurs « intermèdes » écrits en vers en alternance avec des passages plus analytiques écrits en prose : ils donnent à lire les effets de l'expérience poétique. Chacun d'entre eux éprouve une forme poétique particulière : le sonnet (auquel il manque ici un vers), la chanson, les distiques… L'ensemble tend vers la déstructuration du vers et vers une certaine prose poétique que le poète ne prend pas plus au sérieux ; il parle ainsi d'une « expression bouffonne et égarée ». Il tend également vers le vertige (par un effet de ressassement et de répétition) et vers l'aphasie puisque les unités prosodiques se font de plus en plus courtes.

▶ *Lien avec le parcours*

Le texte poursuit le projet baudelairien : « Alchimie du verbe » répond à « Alchimie de la douleur » dans *Les Fleurs du mal*. Néanmoins, il infirme l'ambition formulée par Baudelaire de faire de l'or à partir de la boue. Rimbaud déplore en effet l'échec de sa tentative de réaliser une telle alchimie : « Pleurant, je voyais de l'or – et ne pus boire. – ». La démarche et les symboles de l'alchimie sont par ailleurs dégradés puisque cet or synthétisé est assimilé à un liquide et plus précisément à un alcool qui néanmoins est une promesse d'ivresse et dérèglement : comme Rabelais, Rimbaud ramène l'alchimie au même plan que la vulgaire distillation des alcools.

Proposition de lecture cursive : Le Clézio, *Le Chercheur d'or* (1985)

Ce parcours peut tout à fait s'accompagner de la lecture cursive d'*Une saison en enfer* : ce choix aurait l'avantage de présenter un habile pendant, voire une contradiction, au projet baudelairien et à l'intitulé du programme puisqu'il refuse de faire du poète un chercheur d'or. *Les Chimères* parce qu'elles s'inscrivent dans la pensée néo-platonicienne – dont l'un des motifs privilégiés est la chaîne d'or – est une lecture recommandable : elles envisagent la recherche de l'or poétique comme une quête métaphysique.

Nous proposons néanmoins d'apporter à ce thème la lueur d'un récit : *Le Chercheur d'or* de Le Clézio. Dans ce roman, la quête de l'or par le narrateur Alexis correspond à la recherche plus concrète d'un trésor à l'image de celle de Jim Hawkins dans *L'Île au trésor* de Stevenson (1883) mais aussi de nombreux autres mythes (les récits homériques, le voyage des Argonautes). Le roman, à travers son narrateur, peint une humanité en perpétuel mouvement, toujours en quête d'un ailleurs au point de s'interroger : ce vide que l'homme cherche à combler lui est-il constitutif ? L'excipit est de ce point de vue ambigu ; en effet, le narrateur semble comprendre la part d'éternité de ce désir de mobilité et être alors en harmonie avec le monde : « Il fait nuit à présent, j'entends jusqu'au fond de moi le bruit vivant de la mer qui arrive ».

Le Clézio donne une interprétation morale à ce parcours : celui-ci est en effet l'image de la recherche du bonheur. D'autres dimensions se superposent à cette quête : le roman interroge la réalisation du bonheur au sein du monde troublé du début du XXe siècle (conflits coloniaux, Première Guerre mondiale) et cherche à comprendre cette notion dans la nécessaire relation aux autres qu'il implique, en faisant sortir son héros de son solipsisme. Enfin, cette quête se fait surtout esthétique : il s'agit pour le narrateur d'être capable de voir la beauté du monde et pour Le Clézio de la donner à lire grâce à la forme du roman. Les deux entreprises sont prométhéennes : en cela le projet de Le Clézio rejoint celui des poètes chercheurs d'or, eux aussi en quête de la beauté du monde et d'une façon de l'exprimer.

Pour aller plus loin

On conseillera de porter l'investigation de ce thème sur le plan des arts picturaux. En effet, la présence de l'or – imitée ou réelle – dans les tableaux s'inscrit également dans une recherche esthétique. Si la plupart du temps, l'utilisation matérielle de l'or n'est pas possible, obligeant les peintres à figurer sa présence par des artifices, cette contrainte fait souvent signe vers elle-même : le peintre donne ainsi à voir en cette couleur irreprésentable, « l'absente de tout bouquet » (par exemple dans *La Mort de Sardanapale* de Delacroix, 1827). Quand l'or est véritablement présent (grâce à l'usage de feuilles d'or), il est indice de la vocation sacrée de la peinture. Là encore, l'or fait signe vers le « dieu caché » qu'il faut saisir au-delà des apparences sensibles : ce procédé est à l'œuvre dans des œuvres anciennes (les enluminures du Moyen Âge) ou modernes (*Le Baiser* de Gustav Klimt, 1908-1909).

Parcours 2 Poétiques de l'alchimie : la transformation à l'œuvre

Justification du projet et problématique

À la différence du précédent parcours, ce groupement de texte excède le genre poétique : il s'agit d'interroger le motif de l'alchimie dans les textes littéraires et de montrer que celui-ci implique toujours une réflexion sur la mutabilité des choses. L'alchimie, science de la transformation de la matière, est alors une métaphore pour désigner la façon dont le texte est lui-même l'objet de transformations esthétiques ou génériques. À la manière de Baudelaire, l'écrivain se fait alors alchimiste de la forme comme les alchimistes qu'il met en scène.

Il est possible de réunir des textes appartenant à des genres différents (roman à la première personne, mémoires, roman historique…) et issus d'époques diverses (du XVIIe au XXe siècle) qui ont considéré l'alchimie très différemment (positivement ou négativement). L'histoire des formes croise donc celle des idées.

Le parcours de ces textes (en regard avec la lecture des *Fleurs du mal*) permettra de répondre à la question suivante : pourquoi l'alchimie est-elle une image privilégiée par les écrivains pour désigner leur propre pratique ?

Texte 1. Tristan L'Hermite, *Le Page disgracié* (1648), chapitre XVIII, de « Le jour d'après ce grand philosophe » à « une autre fois plus particulièrement »[1]

> Le jour d'après, ce grand philosophe qui s'était levé devant moi me vint avertir que je m'habillasse promptement, et qu'il avait à me faire voir des plus hautes merveilles de l'art, et d'incomparables moyens de maintenir la nature affaiblie par l'âge, altérée par quelque corruption, ou blessée par quelque violence. Il faisait un beau jour, et je ne pouvoirs mieux prendre mon temps, pour voir avec plaisir les plus belles couleurs du monde. […]

▸ *Présentation du texte*

Le Page disgracié est un roman à la première personne écrit au XVIIe siècle qui présente certaines similitudes avec la vie de son auteur Tristan L'Hermite (mais ce n'est pas une autobiographie). Le personnage principal, promis à la fonction de page, présente autant de vertus (intelligence, vivacité d'esprit) que de vices (le jeu, la boisson), ceux-ci le conduisent à de nombreux déboires. Lors d'une de ses fuites, il rencontre un « docte alchimiste » qui propose de lui faire une démonstration de ses pouvoirs. Dans ce texte, l'alchimiste présente au héros trois fioles, chacune contenant un précieux liquide : une « huile de talc » (connue pour conserver la jeunesse), une « poudre de projection » (capable de transformer

1. Tristan L'Hermite, *Le Page disgracié*, Paris, Gallimard, Folio, 1993, p. 84-86.

le métal en or) et un produit plus mystérieux encore, que le page boit avec délice au point de laisser échapper la fiole, confirmant sa « pente à la sensualité ».

▸ *Principaux axes de lecture*

Le texte met en scène le pouvoir de la parole : en effet, l'alchimiste ne démontre jamais véritablement ses pouvoirs (qui ne sont pas non plus infirmés). Néanmoins, il met en œuvre un véritable art de bonimenteur qui convertit le trivial en extraordinaire.

Par ailleurs, le chapitre met en œuvre une gradation en invoquant des merveilles alchimiques connues du lecteur mais le point de vue de l'alchimiste diverge de celui du page : l'alchimiste s'est détaché de la dimension matérielle et considère avec dédain les richesses : seules les qualités spirituelles lui importent. À l'opposé, le page dédaigne le spirituel au profit du matériel : son intérêt se porte uniquement vers le sensible (couleur, beauté, goût) : ainsi échoue-t-il à élever son âme grâce à l'art alchimique, « il me sembla que [...] mon âme se fût retirée de toutes les parties de mon corps pour être entièrement tout entière sur ma langue et dans mon palais ».

La prophétie prononcée par l'alchimiste (« Voilà des marques d'une inclination à la volupté qui vous coûtera bien des peines ») n'est en rien le fruit de ses qualités divinatoires mais celui de l'observation : ce destin n'est pas donc pas lié à une quelconque malédiction mais à des défauts concrets du héros, le roman évacue donc la magie au profit d'une dimension réaliste.

▸ *Lien avec le parcours*

À travers ce texte, le roman s'interroge sur sa fonction : a-t-il vocation à réenchanter le monde (comme l'alchimiste) ou au contraire, doit-il nous débarrasser des illusions qui nous empêchent de le voir tel qu'il est ? L'alchimie, entre science et magie, convertit ici le texte merveilleux en texte réaliste.

Texte 2. Casanova, *Histoire de ma vie* (1825, posthume), volume V, chapitre V de « Le dîner qui m'amusa le plus » à « dire la vérité en écrivant mes Mémoires »[1]

Le dîner qui m'amusa le plus fut celui qu'elle donna à Gergi qui vint accompagnée du fameux aventurier, comte de St-Germain. Cet homme, au lieu de manger, parla du commencement jusqu'à la fin du dîner ; et je l'ai écouté avec la plus grande attention car personne ne parlait mieux que lui. Il se donnait pour prodigieux en tout, il voulait étonner, et positivement il étonnait. Il avait un ton décisif, qui cependant ne déplaisait pas, car il était savant, parlant bien toutes les langues, grand musicien, grand chimiste, d'une figure agréable, et maître de se rendre amies toutes les femmes, car en même temps qu'il leur donnait des fards qui leur embellissaient la peau, il les flattait, non pas de les faire devenir plus jeunes, car cela, disait-il, était impossible, mais de les garder et conserver dans l'état où il les trouvait moyennant une eau, qui lui coûtait beaucoup, mais dont il leur faisait présent. Cet homme très singulier, et né pour être le plus effronté de tous les imposteurs, impunément disait, comme par manière d'acquit, qu'il avait trois cents ans, qu'il possédait la médecine universelle, qu'il faisait tout ce qu'il voulait de la nature, qu'il fondait les diamants, et qu'il en faisait un grand de dix à douze petits sans que le poids diminuât, et avec la plus belle eau. C'étaient pour lui des bagatelles. Malgré ses rodomontades, ses disparates et ses mensonges évidents, je n'ai pas eu la force de le trouver insolent, mais je ne l'ai pas non plus trouvé respectable ; je l'ai trouvé étonnant malgré moi, car il m'a étonné. [...]

▸ *Présentation du texte*

Le vénitien Giacomo Casanova fut un aventurier du XVIIIe siècle ; beau parleur, escroc, il est surtout connu pour être un grand séducteur. C'est pourtant un Casanova vieillissant, un peu amer, exclu de toutes les cours d'Europe qui écrit ses mémoires, *Histoire de ma vie*. Dans cet extrait, il se souvient de l'une des péripéties de sa vie :

1. Casanova, *Histoire de ma vie*, tome 2, Robert Laffont, 2009, p. 95-96

sa rencontre avec Madame d'Urfé, vieille noble férue d'ésotérisme, proie de tous les charlatans. Casanova fut l'un d'eux puisqu'il abusa de la crédulité de la pauvre femme. Néanmoins dans ce passage, il est confronté à plus fort que lui : le comte de Saint-Germain, un alchimiste très connu.

▸ *Principaux axes de lecture*

Dans ce texte, Casanova, en connaisseur, démystifie les mensonges de l'alchimiste : il fait de celui-ci un être de langage (« personne ne parlait mieux que lui ») dont la puissance est avant tout oratoire (« ses contes faisaient l'âme du dîner »). L'escroc est en effet ce qu'il dit et ce qu'on dit de lui (comme le montre la répétition du verbe dire).

Casanova relève sans le condamner cet art du simulacre : à travers ce portrait, Casanova décrit une version exagérée de lui-même et de ses propres abus. Le second paragraphe l'illustre puisque Casanova donne à lire une scène de manipulation dont il fut l'auteur. Il montre ainsi comment il s'est rendu maître de Madame d'Urfé grâce au langage (« cette fausse confidence fut celle qui mit Mme d'Urfé dans mes fers »). À la différence des alchimistes, Casanova ne déchiffre pas la Nature, mais les cœurs.

Le dernier paragraphe porte sur le plan littéraire cette révélation : le vieux Casanova avoue être « affligé et honteux » et se sent, pour cette raison « dans l'obligation [...] de dire la vérité » en écrivant ses mémoires. Le manipulateur est donc pris son propre jeu.

▸ *Lien avec le parcours*

La rencontre avec un « véritable » alchimiste est donc le moment pour Casanova d'une conversion : le je narré éprouve les conséquences morales de cet art du langage tandis que le je narrant se donne pour tâche de mettre sa maîtrise de la parole au service de la vérité et non plus du mensonge.

Texte 3. Balzac, *La Recherche de l'Absolu* (1834), de « L'état dans lequel se trouvait M. Claës » à « par un contact avec un suppôt dans l'enfer »[1]

L'état dans lequel se trouvait M. Claës n'était un secret pour personne. À la honte des hommes, il ne se rencontrait pas à Douai deux cœurs généreux qui rendissent honneur à sa persévérance d'homme de génie. Pour toute la société, Balthazar était un homme à interdire, un mauvais père qui avait mangé six fortunes, des millions, et qui cherchait la pierre philosophale, au Dix-Neuvième siècle, ce siècle éclairé, ce siècle incrédule, ce siècle, etc., on le calomniait en le flétrissant du nom d'alchimiste en lui jetant au nez ce mot : « Il veut faire de l'or ! » Que ne disait-on pas d'éloges à propos de ce siècle, où, comme dans tous les autres, le talent expire sous une indifférence aussi brutale que l'était celle des temps où moururent Dante, Cervantes, Tasse et tutti quanti.

Les peuples comprennent encore plus tardivement les créations du génie que ne les comprenaient les Rois. [...]

▸ *Présentation du texte*

La Recherche de l'Absolu s'inscrit dans la partie *Études philosophiques* de la *Comédie humaine* de Balzac : ce roman réaliste décrit la déchéance d'une famille bourgeoise de Douai, dont le père Balthazar Claës[2], chimiste formé par Lavoisier, dilapide la fortune dans le but de découvrir le principe de la matière (« l'Absolu » mentionné par le titre) à la manière des anciens alchimistes. À la fin du roman, Balthazar n'est pas parvenu à réaliser cette chimère, il est abandonné de tous et vit dans la misère. Sa fille Marguerite, revenue à Douai pour tenter de le raisonner découvre avec tristesse sa ruine : « L'idée de l'Absolu avait passé partout comme un incendie ».

1. Balzac, *La Recherche de l'Absolu,* Gallimard, Folio, 1999, p. 298-300.
2. Son prénom rappelle le prénom du roi mage qui offrit de l'or au Christ.

▶ *Principaux axes de lecture*

Ce texte met en scène la ruine de l'alchimiste en quête d'absolu. Le romancier adopte le point de vue des habitants de Douai qui condamnent tout à la fois le « mauvais père » et « l'homme de génie »; l'auteur reproduit avec ironie le discours positiviste bourgeois qui condamne ce retour du chimiste à l'alchimie : « au Dix-Neuvième siècle, ce siècle éclairé, ce siècle incrédule ». Pourtant, ce même peuple regarde avec superstition l'homme (qualifié de « sorcier ») et sa maison (« la maison du diable »).

Balthazar est représenté comme un homme vaincu : son désir de créer la pierre philosophale pour transformer les métaux en or a ironiquement conduit à l'effet inverse : il « avait mangé six fortunes ». Par ailleurs, le texte met en scène l'aveuglement du scientifique (pourtant en quête de vérité) qui désormais est conservé dans l'ignorance de sa réputation par son compagnon.

Dans ce texte, Balzac donne une autre clé de lecture : l'alchimiste est une image de l'écrivain, lui aussi en quête d'absolu. La ruine de Balthazar est ainsi comparée au talent contrarié des plus grands auteurs (Dante, Cervantes, Le Tasse). Comme le poème « L'Albatros » des *Fleurs du mal*, le roman illustre donc l'incompatibilité entre le désir d'idéal et les valeurs bourgeoises. Le texte souligne pourtant que l'alchimiste et le bourgeois sont mus par une même valeur : « Il veut faire de l'or ! »

▶ *Lien avec le parcours*

Le roman balzacien transforme la figure romantique de l'alchimiste en figure réaliste. Avec Balzac, le processus alchimique s'est inversé : la quête de l'absolu a conduit à la ruine, l'or est devenu plomb. Néanmoins, le roman semble vouloir réhabiliter l'alchimiste et l'alchimie : comme chez Baudelaire, sa déchéance fait de l'homme en quête d'idéal une figure sublime.

Texte 4. Marguerite Yourcenar, *L'Œuvre au Noir* (1968), deuxième partie, chapitre 2, de « Du monde des idées » à « le feu inaccessible des astres »[1]

Du monde des idées, il rentrait dans le monde plus opaque de la substance contenue et délimitée par la forme. Rencogné dans sa chambre, il n'employait plus ses veillées à s'efforcer d'acquérir de plus justes vues des rapports entre les choses. [...]. Il avait calculé des déplacements, mesuré des doses, attendu que des gouttelettes se reformassent dans le tuyau des curcubites. Maintenant, renonçant pour un temps à l'observation du dehors, distingue et singularise, en faveur de la vision interne du philosophe hermétique, il laissait l'eau qui est dans tout envahir la chambre comme la marée du déluge. [...]

▸ *Présentation du texte*

L'Œuvre au Noir est un roman historique de Marguerite Yourcenar qui met en scène l'alchimiste et médecin fictif, Zénon qui aurait vécu au XVIe siècle dans les Flandres. Le titre fait référence à l'une des phases du processus alchimique visant à transformer les métaux vulgaires en or : selon l'auteur, ce titre désigne aussi « symboliquement [l]es épreuves de l'esprit se libérant des routines et des préjugés ». En effet, Zénon incarne la transition du Moyen Âge à la Renaissance, sa libre-pensée est souvent confrontée aux aléas du monde et de l'Histoire. De retour à Bruges dans la deuxième partie du roman (« La Vie immobile »), il dissimule son nom et son identité ; ici, dans la solitude, il expérimente les limites de son savoir d'alchimiste : ce texte, issu du chapitre 2 (« L'abîme ») est une rêverie de Zénon informée par les motifs alchimiques du feu et de l'eau.

▸ *Principaux axes de lecture*

Au cours de ce texte, l'auteur est amené à réviser son rapport au monde : alors qu'il l'envisageait sous l'angle des « rapports entre les choses », sa méditation interroge « la nature des choses ». Cette

1. Marguerite Yourcenar, *L'Œuvre au Noir*, Gallimard, Folio, 1968, p. 215-p. 218.

révolution constitue en fait le passage d'une pensée magique (qui considère le monde comme plein et entier) à une pensée scientifique (qui le considère en termes de « substance »).

Le texte oppose aux connaissances de l'alchimiste (évoquées au plus-que-parfait) l'expérience du présent (« Maintenant ») : Zénon renonce à « l'observation du dehors » « en faveur de la vision interne du philosophe hermétique » : il explore par l'esprit les éléments (qui ne sont plus des symboles mais des objets du monde) afin de mieux cerner leurs qualités propres ce que l'auteur illustre en épousant la rêverie matérialiste du philosophe grâce à l'hypotypose et une mise en avant de la part du corps dans cette réflexion théorique.

Cette expérience de pensée tente d'articuler la réflexion ancrée dans le présent à l'expérience du passé (en convoquant les souvenirs de Zénon). Ce geste est à l'image du travail de Marguerite Yourcenar qui tente de comprendre le monde contemporain par l'examen, grâce à la littérature, de la vie d'un homme du XVIe siècle. Zénon, conscient de la part d'hérésie que représente cette façon moderne de concevoir son art, se représente lui-même sur le bûcher.

▶ *Lien avec le parcours*

Dans ce chapitre, Yourcenar veut « révéler l'être intérieur » (*Carnets de notes*). La romancière révèle, par l'exploration « de l'intérieur » de l'Histoire, ce que la modernité doit aux alchimistes comme Zénon à la manière dont Zénon veut saisir la substance de la matière. Le roman mime donc cette transition de l'alchimie.

Proposition de lecture cursive : Umberto Eco, *Le Pendule de Foucault* (1988)

Il est possible de proposer, dans le cadre de ce parcours, la lecture cursive des œuvres de Balzac (texte 3) et de Yourcenar (texte 4) : celles-ci résonnent de façon intéressante avec le texte de Baudelaire, la première proposant une interprétation sociale de cette conversion de la boue en or (et inversement) réalisée par le chimiste-alchimiste, la seconde proposant une réflexion sur les rapports entre forme et substance qui n'est pas étrangère à l'auteur des *Fleurs du mal*.

Nous proposons également d'accompagner ce parcours «Poétique de l'alchimie» de la lecture du roman d'Umberto Eco intitulé *Le Pendule de Foucault* car ce thriller ésotérique présente une interprétation sémiologique de la quête des alchimistes. Les principaux motifs de l'alchimie sont représentés dans le roman : au centre de celui-ci, le personnage d'Aglié qui prétend être le comte de Saint-Germain (représenté dans le texte de Casanova) et qui persuade les héros que le monde est «plein de merveilleuses correspondances, de ressemblances subtiles». Le roman met en scène des personnages qui inventent un «Plan pour la domination du monde» à partir d'un document concernant les Templiers et qui finissent par être séduits par celui-ci, frappés par de troublantes correspondances historiques : le faux devient vrai et inversement.

Le roman d'Eco conduit le lecteur à s'interroger sur ses propres mécanismes d'interprétation : selon lui, il faut «rechercher dans le texte ce que le destinataire y trouve en référence à ses propres systèmes de significations et à ses propres désirs, pulsions, volonté» (*Les Limites de l'interprétation*). La quête des alchimistes devient donc une enquête : d'abord policière (celle qui tiendra en haleine le lecteur) puis érudite (à travers les livres) et enfin sémiologique (on interroge *in fine* la façon dont on lit les signes). L'idée de transformation est au cœur du *Pendule de Foucault* : par ses fausses pistes et ses jeux interprétatifs, le roman apparaît comme une forme en perpétuelle mutation, image de l'instabilité du sens et des significations.

Pour aller plus loin

L'alchimie a été surexploitée par la culture populaire, pas toujours de manière pertinente. Parmi les œuvres cinématographiques exploitables, on conseillera le visionnage de *La Montagne sacrée* (1973) de l'artiste mexicain Alejandro Jodrowsky qui met en scène l'initiation de sept personnages par un maître alchimiste. On renverra le spectateur curieux à une saisissante scène de transformation d'excréments et or. En outre, le film s'interroge sur les transformations que la lecture alchimiste impose au médium particulier du cinéma ; pour cette raison, il peut être un complément aux œuvres littéraires de ce parcours.

Quelques citations à retenir

Le poète latin Virgile disait à propos d'un autre poète appelé Ennuis auquel il aurait emprunté de nombreux vers: «Je tire de l'or du fumier d'Ennuis». (Ier siècle après J.-C.)

«La Nature, comprenant l'Univers, est *une* et son origine ne peut être que l'éternelle Unité. C'est un vaste organisme dans lequel les choses naturelles s'harmonisent et sympathisent réciproquement.»

Paracelse, *Philosophia ad Atheniense,* 1541

«À la matière même un verbe est attaché.»

Gérard de Nerval, «Vers dorés», *Les Chimères,* 1854

«Car j'ai de chaque chose extrait la quintessence, / Tu m'as donné ta boue et j'en ai fait de l'or.»

Baudelaire, ébauche d'un «Épilogue» à la deuxième édition des *Fleurs du mal,* 1861

«La vieillerie poétique avait une bonne part dans mon alchimie du verbe.»

Arthur Rimbaud, «Alchimie du verbe», *Une Saison en enfer,* 1873

«La poésie, comme le soleil, met de l'or sur le fumier. Tant pis pour ceux qui ne le voient pas.»

Lettre de Gustave Flaubert à Guy de Maupassant, Croisset, 19 février 1880

«La clarté ne naît pas de ce qu'on imagine le clair, mais de ce qu'on prend conscience de l'obscur.»

C.G. Jung, *L'Âme et la vie*

«Car ce n'est, au fond, que ça la poésie, du sable. Un sable, il est vrai, transmuable, par aventure en cristal.»

Pierre Reverdy, *Poésie à part, échec au poète,* 1935

«Transmuer la misère en bonheur – grâce à l'or – voilà le grand, le merveilleux, l'incroyable et mystérieux coup d'alchimie. Non pas la matière en une autre matière mais bien la matière en esprit.»

Pierre Reverdy, *Le Livre de mon bord,* 1936

« L’expérience alchimique, plus que toute autre, est double : elle est objective ; elle est subjective. »

Gaston Bachelard, *La Formation de l’esprit scientifique,* 1938

« Allons chercher nos images dans l’œuvre de ceux qui ont le plus longuement rêvé et valorisé la matière : adressons-nous aux alchimistes. »

Gaston Bachelard, *L’Eau et les Songes,* 1942

« Je cherche l’or du temps. »

Épitaphe d’André Breton

« Et si un jour le soleil tombait en pluie d’or sur notre monde, on ne sait jamais, réservez dans un coin un petit tas de boue. »

Jean Genet, *Les Paravents,* 1961

« Science et contemplation ne sont point assez si elles ne se transmutent en puissance. »

Marguerite Yourcenar, *L’Œuvre au Noir,* 1968

Entraînement et corrigés

Propositions de sujets

Il est possible d'interroger l'articulation de l'œuvre au programme, *Les Fleurs du mal* de Charles Baudelaire, et du parcours « Alchimie poétique : la boue et l'or » selon un nombre limité d'axes d'étude. On recensera ici pour chacun d'entre eux plusieurs sujets de dissertation possibles (dont la formulation est susceptible de varier selon le contexte) :

I. Poésie et alchimie de la beauté

- La poésie peut-elle tout dire sans choisir ni exclure ?
- Toute chose peut-elle devenir l'objet d'un poème ?
- La fonction de la poésie est-elle de célébrer la beauté du monde ?
- La laideur peut-elle être une source d'inspiration pour un poète au même titre que la beauté ?

II. Poésie et alchimie des sentiments

- La souffrance est-elle nécessaire au poète pour écrire ses poèmes ?
- Les poètes maudits revendiquent-ils ou souffrent-ils de leur différence ?
- Pensez-vous comme Musset que les chants les plus désespérés soient les plus beaux ?

III. Poésie et alchimie de la forme

- Pour le poète, les contraintes formelles sont-elles un obstacle à une expression libre et originale ?

- L'écriture poétique renforce-t-elle ou affaiblit-elle l'expression des idées ?
- La poésie réalise-t-elle l'alchimie du verbe ?

IV. Poésie et alchimie de la réalité

- Quelles sont les relations entre le monde poétique et le monde réel ?
- La poésie vous semble-t-elle le genre privilégié pour évoquer l'univers du rêve et du surnaturel ?
- La poésie est-elle le lien entre nous et le réel absent ?

À cette liste, il faut suppléer tout un ensemble de sujets trans-génériques : en effet, l'intitulé « Alchimie poétique : la boue et l'or » est susceptible d'être interprété dans un sens plus large, il est donc possible, de ce point de vue, d'imaginer toute une série de sujets de dissertation articulant littérature, création et transformation : par exemple, la littérature a-t-elle pour vocation de transformer le monde ? la littérature rend-elle le monde plus beau ? La réalité créée par la littérature est-elle nécessairement plus belle que le nôtre ?

Sujet problématisé : La poésie ne peut-elle chanter que ce qui est beau ?

Un sujet comme celui-ci, utilisant la négation restrictive « ne... que » doit être dialectisé : on pourra le faire sans difficulté grâce à l'œuvre de Baudelaire. Le sujet introduit une tension entre le verbe « chanter » et l'adjectif « beau » : elle sous-entend une équivalence entre la beauté du monde et l'arrangement harmonieux des mots dans le chant (métonymique ici de la poésie). Si celle-ci est actualisée dans la poésie qui se donne pour fonction de célébrer la beauté du monde, cette assimilation beauté/poésie ne va pas de soi et entre en contradiction avec l'existence de sujets poétiques associés à la laideur (Baudelaire) et de formes proprement dissonantes (Verlaine, Laforgue, Corbière, Cros). On montrera donc que la poésie constitue une recherche esthétique opérée par le langage qui interroge les fondements même de notion de beauté. On pourra adopter le plan suivant :

I. La poésie a pour fonction de célébrer la beauté du monde

II. Mais cette célébration de la beauté du monde ne prend sens qu'à la mise en regard de sa laideur

III. La poésie vise une expérience esthétique qui ne repose pas sur une conception absolue de la beauté

Sujet corrigé : En quoi la poésie permet-elle de réinventer le monde ?

L'Évangile de saint Jean commence par ces mots : « Au commencement était le Verbe ». Selon la tradition chrétienne, c'est par la parole que tout est venu à l'existence. Il y a donc un lien ancien entre l'acte d'énonciation et la création. La poésie, qui a pour étymologie le verbe ποιεῖν signifiant « faire, créer », a pour ambition de faire sienne cette fonction proprement créatrice du langage. Peut-on pourtant dire que la poésie permet de réinventer le monde ?

Ne peut « réinventer le monde » que celui qui, placé dans un monde qu'il juge imparfait et inhabitable, le refuse. Il se donne alors pour tâche de changer l'ordre des choses : il se fait donc « alchimiste du verbe » (selon l'expression d'Arthur Rimbaud) puisqu'à partir de « la boue » dont est constituée ce monde, il veut produire de l'or grâce au pouvoir du langage poétique. Néanmoins, il ne s'agit pas d'accorder au poète quelque pouvoir magique, il n'est pas un démiurge : il n'a pour seul outil que le travail de la forme. En agissant sur le langage, il éprouve cependant la structure même de ce monde et le regard que nous portons sur lui.

On peut donc légitimement s'interroger : que *fait* le poète au monde ? En quoi son action sur les mots est-elle aussi une action sur le monde ? Il conviendra pour cela d'illustrer les nuances de ce lien entre création et poésie : si le poète est d'abord celui qui refuse le monde (I), il est aussi celui qui, à défaut de le changer directement, tente de changer notre façon de le voir (II). Or ces deux procèdent d'une même interrogation sur la place de l'homme dans le monde (III).

I. Le poète est celui qui refuse le monde tel qu'il est[1]

À travers les mots d'un de ses personnages, le poète Gérard de Nerval s'exclame « Tu copies la nature avec froideur [...]. Enfant, l'art n'est point là : il consiste à créer ! » Le premier acte de la poésie, avant même de créer, est donc de refuser le monde tel qu'il est.

1. Le poète engagé

Le poète s'engage donc contre le monde. Cet engagement peut être politique, comme cela fut le cas pour les poètes de la Resistance. Ainsi dans le poème « Ce cœur qui haïssait la guerre » (1943, *L'Honneur des poètes*), Robert Desnos décrit un mouvement qui va du singulier au pluriel pour *in fine* évoquer « des millions de Français se préparent dans l'ombre ». Victor Hugo en exil utilisa pareillement la poésie dans le recueil *Les Châtiments* (1852) pour se dresser contre Napoléon III (« Les Abeilles du manteau »). Cet acte d'engagement peut également s'effectuer dans des circonstances moins critiques et prendre une dimension sociale : ainsi dans ses *Fables* (1668-1694) La Fontaine pratique une satire voilée de la société de cour : dans une fable comme « Les Obsèques de la lionne », il dénonce l'hypocrisie des courtisans et l'aveuglement des puissants. Le poète engagé refuse donc l'ordre du monde et tâche de le corriger.

2. Le poète prophète

Cette dénonciation se double souvent de la revendication d'un autre monde conçu comme meilleur : cette tendance est illustrée par l'œuvre du poète Victor Hugo. Ainsi, dans le poème « Melancholia » (*Les Contemplations*, 1856), la représentation pathétique du travail des enfants (« Où vont tous ces enfants dont pas un seul ne rit ? ») est le support d'un plaidoyer « au nom du vrai travail, sain, fécond, généreux ». Le poète révolté se fait donc prophète. Cette tradition est relativement ancienne : l'Antiquité faisait ainsi du poète un « inspiré », qui durant sa *furor* poétique était en contact avec un autre monde. Ronsard s'inscrit également dans cette mythologie :

1. Dans une dissertation, les titres ne sont jamais écrits, il faut les formuler par une courte phrase.

dans son « Hymne de l'automne » (*Hymnes*, 1555) il écrit « Quand l'homme en est touché, il devient un prophète », soulignant le caractère divin de l'inspiration poétique. Comme l'a montré Paul Bénichou, dans le sillage de la Révolution française le poète se voit octroyer des fonctions d'ordre quasi-religieux. Victor Hugo ne dit pas autre chose dans le poème « Fonction du poète » (*Les Rayons et les Ombres*, 1840) : selon lui, le poète « homme des utopies » est « semblable au prophète », « Le poète en des jours impies / Vient préparer des jours meilleurs ».

3. Le poète rêveur

Cette idée portée par Victor Hugo selon laquelle le poète à « Les pieds ici, les yeux ailleurs. » a son revers : ne dit-il pas dans *La Légende des siècles* (1859) : « Le poète est un monde enfermé dans un homme » ? En effet, Baudelaire, dans la section « Spleen et Idéal » des *Fleurs du mal* (1857) accentuera cette tension : ainsi dans le poème « L'Albatros », il fait du poète « un prince des nuées » « exilé sur le sol au milieu des huées ». La réalité s'oppose ainsi violement aux mondes dont est porteur le poète. Ce geste de révolte contre le monde a donc une dimension ontologique : il vise à « substituer l'homme à la nature et de protester contre elle ». Il prendra un tour plus tragique dans l'œuvre de Gérard de Nerval qui tentera lui aussi de montrer que « Le Rêve est une seconde vie » : dans le poème « Antéros » (1854), il se peint en fils d'une race réprouvée, celle des créateurs condamnés par Jéhovah, le Dieu Créateur, qui refuse leur concurrence. Il affirme sa volonté de « retourner les dards contre le dieu vainqueur ». La poésie apparaît donc comme un refus catégorique de la tyrannie du monde qui n'accorde aucune place au rêve.

II. Le langage poétique reconfigure notre rapport au monde

Pour mener cette révolte politique, sociale ou même ontologique contre le monde, le poète ne dispose pour seule arme que du langage. Mais comme l'affirme Nerval, « À la matière même un verbe est attaché » (« Vers dorés », *Les Chimères*). Ainsi par le travail poétique de la forme, le poète, tel un alchimiste du langage, s'attache à transformer notre rapport au monde.

1. Inventer une langue

Victor Hugo a souligné ce lien entre révolution politique et révolution du langage dans le poème « Réponse à un acte d'accusation » (*Les Contemplations*) : selon lui, les acquis de la Révolution n'auront d'effet véritablement que si le peuple arrive à se défaire d'un usage aristocratique des mots car selon lui les mots – comme les hommes – « vivaient parqués en castes ». Ainsi justifie-t-il sa tâche de poète : « Je fis souffler un vent révolutionnaire. / Je mis un bonnet rouge au vieux dictionnaire. » Le poète doit donc fonder une nouvelle langue pour accompagner les progrès de la société. Arthur Rimbaud prononce une profession de foi dans sa lettre à Paul Demeny du 15 mai 1871 (aussi appelée « Lettre du Voyant ») : selon lui, il faut « trouver une langue » qui « sera de l'âme pour l'âme, résumant tout, parfums, sons, couleurs, de la pensée accrochant la pensée et tirant. » Sa propre poésie, marquée par des expérimentations audacieuses, illustre cet effort : on peut par exemple citer le poème « Voyelles » (1871) qui associe des couleurs aux lettres de l'alphabet selon un principe synesthétique. Ainsi, la poésie, comme l'affirme Mallarmé a donc bien pour fonction de « rémunérer le défaut des langues » (1897).

2. Redéfinir la beauté

Même lorsque la poésie se détache volontairement de sa charge politique ou morale, elle n'en reconfigure pas moins notre rapport au monde. Ainsi, le mouvement du Parnasse qui revendique ne vouloir rechercher que « l'art pour l'art » s'est attaché à redéfinir la façon dont nous concevons la beauté. Selon Baudelaire, « le principe de la poésie est strictement et simplement l'aspiration humaine vers une beauté supérieure » (Préface aux *Nouvelles histoires extraordianaires* d'Edgar Poe). Afin d'atteindre cette beauté supérieure, l'auteur des *Fleurs de mal* s'émancipe de la morale et s'empare de sujets traditionnellement rejetés par la poésie : il peint la misère, la décrépitude du corps, la perversion (au point de contrevenir à la morale bourgeoise comme le montrera le procès de *Fleurs du mal* en 1857). Dans « Hymne à la Beauté », il souligne cette ambivalence esthétique, semblable à ses yeux, à celle du vin : « Viens-tu du ciel profond ou sors-tu de l'abîme, / Ô Beauté ? ton regard infernal et divin, / Verse confusément le bienfait et le crime». Il s'agit pour lui de montrer, contre la tradition poétique, que «le beau est toujours bizarre» (*Exposition universelle,* 1855). Ainsi, le poète articule-t-il «Spleen et Idéal» afin de dévoiler la beauté là où on ne la soupçonnerait pas, par exemple dans «Une Charogne» qui devient, sous la plume de Baudelaire, un véritable objet de beauté.

3. Changer notre regard sur le monde

Par cette révolution esthétique, Baudelaire change notre conception de la beauté et oriente également le regard que nous portons sur la réalité : dans les «Tableaux parisiens» puis dans *Le Spleen de Paris,* il contribue, à faire de la ville un sujet poétique, sublimant ce paysage urbain et ses habitants afin de les réenchanter à nos yeux : «Dans les plis sinueux des vieilles capitales / Où tout, même l'horreur, tourne aux enchantements» («Les Petites Vieilles»). Le poète Francis Ponge se donne une tâche analogue dans son recueil *Le Parti pris des choses* (1942) : l'ambition est plus humble, il s'agit pour le poète de «prendre le parti» des choses, c'est-à-dire de recentrer notre regard sur les objets du quotidien que l'habitude et les lieux communs ont fini par nous occulter : par exemple, il montre dans le poème «L'Huître» que celle-ci est porteuse de «tout un monde», une sorte de cosmos en gestation («les cieux d'en dessus s'affaissent sur les cieux d'en dessous»). Par quel biais la poésie produit-elle un tel enchantement ? Selon les Surréalistes, la poésie associe des mots et des idées de manière inattendue : l'image poétique qui naît de ce choc nous étonne au nous entraîne à réviser notre image du monde. Le poète Éluard usera d'un tel procédé dans *L'Amour la poésie* (1929) en affirmant que «la terre est bleue comme une orange» : image absurde, mais qui contribue à exciter notre imaginaire.

III. La poésie interroge la place de l'homme dans le monde

Ainsi, l'art du poète bouleverse l'ordre du monde et tente de le corriger. Selon le poète anglais John Keats, il s'agit là des deux faces de la poésie qui «déverse un baume sur le monde» et en même temps «le tourmente» (*La Chute d'Hyperion,* inachevé, 1819). Ainsi, si le poète ne réinvente pas à proprement parler le monde, il éprouve les structures même de notre relation au monde : la poésie cherche donc à refonder la place de l'homme dans le monde.

1. L'homme face au temps

Ainsi, la poésie refuse l'empire du temps et tente d'établir un nouveau rapport avec celui-ci. Le temps est en effet la matière du poète : ainsi, les poètes de l'Antiquité cherchaient, dans leurs récits, à concilier la temporalité humaine avec celle de l'univers. Par exemple Hésiode dans la *Théogonie* (VIIIe siècle av. J.-C.) invente toute une cosmogonie afin d'expliquer la création du monde tandis que dans *Les Travaux et les jours*, il décrit l'histoire de la succession des races humaines à partir de l'Âge d'or pour expliquer la chute de l'homme dans le temps. Cette façon de ressaisir la temporalité peut se jouer à d'autres niveaux : dans le sonnet XIX des *Antiquités de Rome* (1558), Du Bellay essaie d'interpréter les mouvements de l'Histoire dans le sonnet XIX afin de compenser « tout le malheur qui notre âge dédore » et à terme, amorcer un nouvel âge d'or de la poésie française. Enfin, cette tentative peut prendre un tour plus personnel, par exemple pour Lamartine qui dans le poème « Le Lac » (*Méditations poétiques*, 1820) contrecarre la fugitivité du temps en faisant du paysage du lac le témoin éternel de son amour passé : « Gardez de cette nuit, gardez, belle nature, / Au moins le souvenir ! »

2. L'homme face au monde

Chez Lamartine et plus généralement dans la poésie lyrique, l'opération consistant à relire l'ordonnancement du temps est souvent une tentative pour comprendre la place de l'homme dans le monde ; chez Lamartine, celle-ci est marquée par la mélancolie, conçue comme une expérience existentielle qu'il décrit dans un autre poème « L'Isolement » (dont le vers « Un seul être vous manque et tout est dépeuplé » est le plus connu). Ainsi le lyrisme, fondé sur l'expression des sentiments individuels du poète, a vocation à désigner une expérience universelle : chez Lamartine (et chez les poètes romantiques) il s'agit de celle de la solitude face au monde. Au XXe siècle, les surréalistes useront également de la poésie lyrique non pour affirmer les termes d'un déchirement de l'homme devant le monde, mais au contraire pour se faire les hérauts d'une certaine réconciliation : ainsi, la poésie amoureuse d'Éluard est tout à la fois un chant d'amour dédié à la femme et au monde ; par exemple dans le poème « La courbe de tes yeux fait le tour de mon cœur… », l'image structurante de la rondeur décrit un rapport au monde fondamentalement harmonieux. Ainsi, que ce soit selon le principe de la mélancolie ou celui de l'harmonie retrouvée, la poésie élucide donc la place de l'homme dans l'univers.

3. L'homme face au langage

La poésie porte cette méditation car elle est avant tout une exploration du langage. Baudelaire ne fait pas de mystère de l'aspect linguistique de cette recherche : en effet, dans le poème « Correspondances » des *Fleurs du mal*, il décrit la Nature comme « un temple où de vivants piliers / Laissent parfois sortir de confuses paroles ». Le poète est celui qui est capable de se repérer au sein de cette « forêt de signes » qui « chantent les transports de l'esprit et des sens » et de rendre par les mots ces « correspondances ». Il s'agit donc pour Baudelaire et pour les poètes symbolistes qui prendront sa suite de comprendre comment le langage fonde notre rapport au monde. Mallarmé poursuivra cette entreprise ; néanmoins en « creusant le vers à ce point », il découvrira « le néant » (l'absence de sens du monde). Dans une lettre du 6 mai 867, il écrit « nous ne sommes que des vaines formes de la matière […] mais bien sublimes pour avoir inventé Dieu et notre âme ». Le travail du poète le conduit donc à mesurer que le langage est son seul bien : dans le « Sonnet allégorique de lui-même », les mots deviennent un « Aboli bibelot d'inanité sonore » (*Poésies*, 1899) : chez Mallarmé, l'effort pour élucider le rapport du poète au monde s'achève dans la découverte que seul le langage le fonde : il chantera donc en désespéré.

Le poète n'est donc pas celui qui réinvente le monde : certes sa démarche est oppositionnelle, il refuse l'état des choses mais sa méthode consiste davantage à changer notre regard sur le monde pour à terme réévaluer notre place dans celui-ci : ainsi refonde-t-il notre rapport au monde par le langage. On comprend donc que pour William Blake, le poète soit celui qui peut « voir un monde dans un grain de sable » et « tenir l'Infini dans la paume de la main » (*Auguries of Innocence*, posthume, 1863).

Bibliographie

Ouvrages sur Baudelaire et sur la poésie du XIXe siècle

Paul Bénichou, *Romantisme français* (2 tomes), Gallimard, 2004.

Antoine Compagnon, *Les Antimodernes. De Joseph de Maistre à Roland Barthes*, Gallimard, 2005.

Antoine Compagnon, *Un été avec Baudelaire*, Des Équateurs, 2015.

John E. Jackson, *Baudelaire*, Le Livre de Poche, 2001.

Jean-Pierre Richard, *Poésie et Profondeur*, Éditions du Seuil, 1955.

Ouvrages sur l'alchimie

René Alleau, article « Alchimie », *Encyclopedia Universalis*, 1969.

Gaston Bachelard, *La Psychanalyse du feu*, Folio, 1985.

Serge Hutin, *L'Alchimie*, Presses universitaires de France, 1951.

Textes cités dans les parcours

Parcours 1

Du Bellay, *Les Regrets* suivis des *Antiquités de Rome* et du *Songe*, Le Livre de Poche, 2002.

La Fontaine, *Fables*, Le Livre de Poche, 2002.

Gérard de Nerval, *Les Filles du Feu, Les Chimères* et autres textes, Le Livre de Poche, 1999.

Arthur Rimbaud, *Poésies. Une Saison en enfer. Illuminations*, Gallimard, Folio, 1999.

Le Clézio, *Le Chercheur d'or*, Gallimard, Folio, 1985.

Parcours 2

Tristan L'Hermite, *Le Page disgracié*, Gallimard, 1993.

Casanova, *Histoire de ma vie* (3 tomes), Robert Laffont, 2009.

Balzac, *La Recherche de l'Absolu*, Gallimard, Folio, 1999.

Marguerite Yourcenar, *L'Œuvre au Noir*, Gallimard, Folio, 1968.

Umberto Eco, *Le Pendule de Foucault*, Le Livre de Poche, 1988.

Alejandro Jodorowsky, *La Montagne sacrée*, 2006.

Autres textes littéraires liés au parcours

François Villon, *Poésies complètes*, Le Livre de Poche, 1991.

Aloysius Bertrand, *Gaspard de la nuit*, Le Livre de Poche, 2002.

Lautréamont, *Les Chants de Maldoror* et autres textes, Le Livre de Poche, 2001.

Tristan Corbières, *Les Amours jaunes* suivi de *Poèmes retrouvés* et *Œuvres en prose*, Gallimard, 1973.

Notes

Notes

Notes

Notes

Notes

Notes

Notes

Imprimé en Italie par «La Tipografica Varese Srl» Varese